Juan Ruiz de Alarcón

Don Domingo de don Blas. No hay mal que por bien no venga

Créditos

Título original: Don Domingo de don Blas.

© 2024, Red ediciones S.L.

e-mail: info@linkgua.com

Diseño de cubierta: Michel Mallard.

ISBN tapa dura: 978-84-9897-327-3.
ISBN rústica: 978-84-9816-292-9.
ISBN ebook: 978-84-9897-041-8.

Cualquier forma de reproducción, distribución, comunicación pública o transformación de esta obra solo puede ser realizada con la autorización de sus titulares, salvo excepción prevista por la ley. Diríjase a CEDRO (Centro Español de Derechos Reprográficos, www.cedro.org) si necesita fotocopiar, escanear o hacer copias digitales de algún fragmento de esta obra.

Sumario

Créditos _____ 4

Brevísima presentación _____ 7
   La vida _____ 7

Personajes _____ 8

Jornada primera _____ 9

Jornada segunda _____ 47

Jornada tercera _____ 87

Libros a la carta _____ 123

Brevísima presentación

La vida
Juan Ruiz de Alarcón y Mendoza (1581-1639). México.
Nació en México y vivió gran parte de su vida en España. Era hijo de Pedro Ruiz de Alarcón y Leonor de Mendoza, ambos con antepasados de la nobleza. Estudió abogacía en la Real y Pontificia Universidad de la Ciudad de México y a comienzos del siglo XVII viajó a España donde obtuvo el título de bachiller de cánones en la Universidad de Salamanca. Ejerció como abogado en Sevilla (1606) y regresó a México a terminar sus estudios de leyes en 1608. En 1614 volvió otra vez a España y trabajó como relator del Consejo de Indias. Era deforme (jorobado de pecho y espalda) por lo que fue objeto de numerosas burlas de escritores contemporáneos como Francisco de Quevedo, que lo llamaba «corcovilla», Félix Lope de Vega y Pedro Calderón de la Barca.

Don García, el hijo rebelde de Alfonso III, es el nuevo rey de León y promueve a la privanza a don Domingo, quien había provocado su fracaso y prisión. En esta comedia de privanza el personaje principal hace comentarios irónicos y satiriza las costumbres de su época en una ardua reflexión sobre el poder.

Personajes

Beltrán, criado de don Juan Bermúdez, gracioso
Criados
Don Domingo de Don Blas
Don Juan Bermúdez, galán
Don Ramiro, viejo grave
Doña Constanza, dama
Doña Leonor, dama
El príncipe don García
El rey don Alfonso III, viejo
Inés, criada
Mauricio, criado
Nuño, criado de Don Domingo de don Blas
Un Gentilhombre
Un Sastre
Un Sombrerero

Jornada primera

(Salen don Juan, con unas llaves, y Beltrán.)

Juan
    La casa no puede ser
    más alegre y bien trazada.

Beltrán
    Para ti fuera extremada,
    pues vinieras a tener
        pared en medio a Leonor;
    mas piden adelantados
    por un año cien ducados
    y estás sin blanca, señor.

Juan
    Yo pierdo mil ocasiones
    por tener tan corta suerte.

Beltrán
    Pues ya no esperes valerte
    de trazas y de invenciones.
        No hay embuste, no hay enredo
    que puedas lograr agora
    porque todos ya en Zamora
    te señalan con el dedo,
        de suerte que me admiró
    que no temiese el empeño
    de sus llaves, cuando el dueño
    de la casa me las dio.

Juan
    Nada me tiene afligido
    como ver que he de perder
    a Leonor, después de haber
    sus favores merecido,
        y después que me ha costado
    tanta hacienda el festejarla,

	servirla y galantearla.

Beltrán
    Con eso me has [acordado]
      una bien graciosa historia
      que has de oír aunque esté triste.
    Bien pienso que conociste
    a Pedro Núñez de Soria.

Juan
      En Castilla le traté
    y era hombre amable y gustoso.

Beltrán
    Ése, pues poco dichoso,
    tan pobre en un tiempo fue
      que por alcanzar apenas
    para el sustento, jugaba
    la mohatra y adornaba
    todo de ropas ajenas.
      Riñó su dama con él
    y, en un cuello que traía,
    ajeno como solía,
    hizo un destrozo cruel.
      El dueño, cuando entendió
    la desdicha sucedida,
    a la dama cuellicida
    fue a buscar, y así la habló:
      «Una advertencia he de haceros
    por si acaso os enojáis
    otra vez, y es que riñáis
    con vuestro galán en cueros;
      que cuando la furia os viene,
    el vestido le embestís,
    haced cuenta que reñís
    con cuantos amigos tiene.»

Juan	Bueno es el cuento; mas di, ¿a qué propósito ha sido?
Beltrán	¿Pues aún no lo has entendido? Estás tú sintiendo aquí el dinero que has gastado en celebrar a Leonor, y lo pudieran mejor sentir los que lo han prestado.
Juan	¿Era mi hacienda tan poca que no puede entrar en cuenta?
Beltrán	No; pero deja que sienta cada cual lo que le toca.
Juan	¡Qué bien sabes discurrir contra mí!
Beltrán	¿Puedes culpar, pues que te ayudo a pecar, que te ayude a arrepentir?
Juan	Entra, y mira si a Leonor puedo hablar, y aquí te espero.
Beltrán	No sé cómo, sin dinero, puede durarte el amor.

(Vase Beltrán. Sale Nuño.)

Nuño (Aparte.)	(Ésta se alquila y parece a medida del intento, si es tan buena de aposento

        como la fachada ofrece.
    El dueño debe de ser
éste que a la puerta está
con las llaves; bien será,
si agora la puedo ver,
    llevar de ella relación.
Quiero hablarle.) Caballero,
para cierto forastero
quisiera, si es ocasión,
    ver esta casa.

Juan   Es muy cara;
que han de darse adelantados
por un año cien ducados.

Nuño   No importa; que no repara
    mi dueño, que mucho más
puede dar en interés
si es a su gusto.

Juan   ¿Y quién es?

Nuño   Don Domingo de Don Blas.

Juan   ¿De Don Blas?

Nuño   Sí.

Juan   ¿Qué apellido
tan extraño!

Nuño   Extraño y nuevo
es sin duda; mas me atrevo
a apostar que el más lucido,

| | linajudo caballero
de este reino le tomara,
como el nombre le importara
lo que importa al forastero.

Juan | Si no os llama algún cuidado
que requiera brevedad,
lo que apuntáis me contad
y dejaréisme obligado.

Nuño | Es dar gusto granjería
tan hidalga, que, supuesto
que tanto mostráis en esto,
a mayor costa lo haría.
   Cuando en las ardientes fuerzas
y en los juveniles bríos
del ya anciano rey Alfonso,
que guarde Dios largos siglos,
España gozaba triunfos
y el moro hallaba castigos,
siendo su cuchilla asombro
de pendones berberiscos,
don Blas, hidalgo tan noble
cuanto el que más presumido
en León de ilustre sangre
cuenta blasones antiguos,
le fue a servir en las talas
que al moro extremeño hizo,
llevando en su compañía
por soldado a don Domingo,
que era su sobrino. Y era,
aunque fue don Blas su tío
valiente cuanto ninguno,
su emulación su sobrino.

Llegaron a saquear
a [Mérida], donde quiso
la suerte que le tocase
de un moro alfaquí tan rico
la casa a don Blas, que el oro
que halló en ella satisfizo
la sed con que despreciaba
de la guerra los peligros.
A su vida y su ventura
llegó el plazo estatuido,
quedando por heredero
de sus bienes don Domingo,
mi señor, a quien tenía
obligación por sobrino,
y amor por su educación;
que le [crió desde niño].
Cuatro mil ducados fueron
de renta, de los que hizo
un vínculo en su cabeza,
hacienda que en este siglo
ilustrara a un gran señor,
con estatuto preciso
de que el nombre de Don Blas
tomase por apellido
cualquiera que el mayorazgo
por derecho sucesivo
herede, por evitar
las injurias del olvido
[en] origen de su nombre.
[Ya] de su estado os he dicho;
agora os he de contar
su condición, por serviros.
En la guerra, cuando pobre,
nadie mejor satisfizo

la obligación de su sangre.
Nadie fue con los moriscos
más audaz, ninguno fue
al trabajo más sufrido
o la peligro más valiente;
mas después, que se vio rico,
solo a la comodidad,
al gusto del apetito,
al descanso y al regalo
se encaminan sus designios,
tanto que «el acomodado»
se suele llamar él mismo.
Y, en orden a ejecutar
este asunto, es tan prolijo
el discurso de las cosas
que por no cansaros digo
que ni basta a referirlas
el más elegante estilo,
ni el ingenio a imaginarlas,
ni a sumarlas el guarismo.

Juan   Ni es el asunto muy necio,
ni es muy bobo don Domingo
que pienso que, si pudieran,
hicieran todos lo mismo.
Pero las llaves tomad.
Ved la casa; que imagino
que le ha de agradar, si acaso
no le descontenta el sitio.

Nuño   Antes, por ser retirado,
es conforme a sus designios.

(Vase.)

Juan	¡Ah, vil Fortuna! ¡Con otros
tan liberal y conmigo
tan [avara]! Pues, por Dios
que he de ver si mi artificio
puede vencer tus rigores
pues estoy ya tan perdido
que ni me espantan los [daños]
ni me enfrenan los peligros.
¿Qué tenemos?
(Sale Beltrán.)	
Beltrán	Nada.
Juan	¿Cómo?
Beltrán	Ni Leonor ha parecido,
ni Inés, ni doña Constanza.
Juan	No importa; que agora aspiro
a otro intento a que pudiera
ser estorbo habernos visto.
Tú, retírate Beltrán;
que conviene que conmigo
no te vean.
Beltrán	¿Hay tramoya?
Juan	Y tan buena que imagino
que estas fiestas me ha de ver
en la plaza tan lucido
Leonor, que como hoy favores
le merezca desatinos.

Beltrán	Si no ruedas.
Juan	No por eso
el mérito habré perdido.
Antes importarme puede;
porque si solo el peligro
es medio para obligar,
más obliga el daño mismo.
Pero vete ya; que importa.
A este zaguán me retiro.

(Vase. Salen Leonor e Inés a la celosía.)

Leonor	¿Que está don Juan en la calle?
Inés	Tus ojos te lo dirán.
Leonor	¡Qué cuidadoso galán!
Inés, ¡quién pudiera hablalle.
Inés	De esta espesa celosía
puede, con verle, tu amor
descansar; que mi señor
está en casa, y no sería
delito que perdonara,
pues su condición cruel
conoces ya, si con él
hablando acaso te hallara.
Leonor	De sujeción tan penosa,
¿cuándo libre me veré?
Inés	Cuando la mano te dé.

Leonor   Nunca seré tan dichosa.

(Sale Nuño con las llaves y dáselas a don Juan.)

Nuño   La casa he visto, y no creo
                  que puede hallarla mejor
                  don Domingo, mi señor.

Juan   Pues si iguala su deseo,
                     el efecto importaría
                  abreviar, porque a Zamora
                  llegó con su gente agora
                  el príncipe don García,
                     y perderá la ocasión
                  si de ésta gozar desea.

Nuño   Hasta que con él me vea
                  y le haga relación
                     de la casa, solamente
                  la dilación puede ser,
                  y de la que le he de hacer
                  no dudo que le contente.

Juan   ¿Dónde vive?

Leonor   ¿Si ha comprado
                  don Juan esta casa, Inés?

Juan   La posada sé, y después
                  que la noche haya ocultado
                     al Sol, porque las regiones
                  gocen su luz del ocaso,
                  le buscaré; y por si acaso

	no dan mis ocupaciones
	lugar, irá un escribano
	de quien mis negocios fío
	y que tiene poder mío
	y correrá por su mano
	el concierto y la escritura,
	y se le podrá entregar
	el dinero.

Nuño   ¿Ha de llevar
señas?

Juan   Persona es segura.
Pero lo que entre los dos
hemos tratado será
lo que por señas dará.

Nuño   Así queda.

Juan   Adiós.

Nuño   Adiós.

(Vanse.)

Inés   Bien se ha visto en el concierto
que es suya.

Leonor   Sin duda es
más rico don Juan, Inés,
que [cuenta] la fama.

Inés   Es cierto,
[pues después] que al viento ha dado

        tantas libreas y galas,
        dorando al amor las alas
        con que vuela a tu cuidado,
           posesión de tal valor
        ha comprado, que pudiera
        para que a gusto viviera,
        estimarla un gran señor.

Leonor   Yo, en efecto, si a don Juan
        doy la mano, soy dichosa.

Inés   Claro está; que, siendo esposa,
        de hombre tan rico y galán,
           noble y que te quiere bien,
        la ventura de tu empleo
        excederá a tu deseo,
        y más, gozando de quien
           tan enamorada estás.

Leonor   Ese es el punto mejor;
        porque, si falta el amor,
        sobra todo lo demás.

(Vanse. Salen el Príncipe y Ramiro.)

Príncipe   La Reina, mi madre, ha sido
        quien me ha puesto esta intención,
        y para la ejecución
        su favor me ha prometido;
           que mi padre le ha obligado,
        con su condición esquiva,
        a fabricar vengativa
        esta mudanza de estado.
           Demás de que en mis intentos

     tendré el favor popular
     de mi parte, por estar
     de mi [padre] descontentos
      por tantas imposiciones
     como a pagar les obliga.
     Y para la oculta liga
     previene sus escuadrones
      Nuño Fernández, el Conde
     de Castilla, suegro mío.
     Y así, pues de vos me fío,
     si vuestra fe corresponde,
      como suele, a la afición
     y amistad que me debéis,
     presto en mis sienes veréis
     la corona de León.

Ramiro (Aparte.)   (¡Cielos! ¡Esta tempestad
     de inquietudes y cuidados
     a los términos cansados
     les faltaba de mi edad!
      Mas, ¿qué he de hacer? Hoy García
     [es] Sol que empieza a nacer,
     y el Rey se ve ya esconder
     en el sepulcro del día.
      Poder y resolución
     tiene el Príncipe, y si quiero
     resistirle, considero
     mi muerte en su indignación.
      Del rey don Alfonso estoy
     mal satisfecho; y García,
     pues que de mí tanto fía
     y tan su privado soy,
      pondrá en mi mano el gobierno
     del reino y, con su poder

  y mi industria, podré hacer
mi casa y mi nombre eterno.
  Pues, ¿qué tiene que dudar
quien aspira a tanto bien?
Aventure mucho quien
mucho pretender ganar.)
  Quien reconoce deberos
lo que yo, siendo obediente
y callando solamente,
señor, ha de responderos.
  Solo os advierto fiel
que tengo de plata y oro
acumulado un tesoro
si importa serviros de él.

Príncipe   No es el saberme obligar
en vuestra fineza nuevo.

Ramiro   Ofreceros lo que os debo
no es obligar, sí es pagar.

Príncipe   Pues, Ramiro, una memoria
con cuidado habéis de hacer,
de cuantos me puedan ser
para alcanzar la victoria.
  Importante es. No olvidéis
hombre que por principal
o por su mucho caudal
poderoso imaginéis.
  Y a estos tales, porque quiero,
para poder confiarles
mis pensamientos, ganarles
las voluntades primero,
  los convidad de mi parte

   para estas fiestas que agora
tengo de hacer en Zamora;
que la estimación es arte
   de obligar, y de este modo,
pues yo entro en ellas, obligo,
igualándolos conmigo,
los nobles y al pueblo todo.
   Las inclinaciones gano
honrando las fiestas yo,
porque siempre deseó
príncipe alegre y humano.
   Y después iré, Ramiro,
declarando a cada cual,
hombre rico y principal
la novedad a que aspiro.
   Mas advertid que de suerte
ha de ser que me asegure
del que resistir procure
o su prisión o su muerte
   antes que pueda el secreto
publicar; y así, escuchad
como la seguridad
encamino de este [efeto].
   A cada cual mandaré
que en un puesto de Zamora
vaya a esperarme a deshora,
y de allí le llevaré
   a vuestra posada, donde
prevendréis para este intento
un retirado aposento;
porque si no corresponde
   a mi gusto, ha de quedar
preso en él, y vos seréis
su alcaide, porque estorbéis

| | que nadie le pueda hablar |
| | hasta conseguir mi intento. |

Ramiro   Así se asegura todo;
             porque mi casa de modo
             es copiosa de aposento,
                que cuantos en la ciudad
             nobles son, guardar pudiera
             sin que jamás lo entendiera
             la mayor curiosidad.

Príncipe   Esto quede así, y agora
             sabed que porque no obligo
             a nadie más por amigo
             que a vos, Ramiro, en Zamora,
                me ha hecho su intercesor
             don Juan Bermúdez, que esposo
             quiere ser, por ser dichoso,
             de vuestra hija Leonor.
                Ya sabéis que es tan valiente,
             tan noble y emparentado,
             que nadie para el cuidado
             de la novedad presente
                puede importar a los dos
             más que don Juan.

Ramiro   Es verdad,
             pero...

Príncipe   Don Ramiro, hablad;
             que ninguno más que vos
                es mi amigo, ni hay a quien
             no deba yo preferiros.

Ramiro ¿Bastará, señor, deciros
que a Leonor no le está bien?

Príncipe Bastará; mas quedaré
querelloso, con razón,
de entender que la ocasión
no confiáis de mi fe.

Ramiro Pues ya con apremio tal
a decirla me condeno;
que aunque es de mí tan ajeno
hablar de ninguno mal,
  cesa aquí la obligación
de reparar en su ofensa,
pues va en ello mi defensa
y vuestra satisfacción.
  Sepa, señor, vuestra Alteza,
que, de quien es olvidado,
don Juan ha degenerado
de suerte de su nobleza
  que por su engañoso trato
y costumbres es agora
la fábula de Zamora,
y atiende tan sin recato
  solo a hacer trampas y enredos,
que ya faltan en sus menguas,
para murmurarle lenguas
y para apuntarle dedos.
  Pródigamente gastó
innumerable interés
suyo en fiestas, y después
que su hacienda consumió
  fue en la ajena ejecutando.
Lances de poca importancia,

      pero como la ganancia
o el gusto le fue cebando...
    El error que perdonó
más afrentoso y horrible,
lo dejó por imposible,
que por vergonzoso no.
    Y como le da osadía
la experiencia, que ha mostrado
que por ser tan respetado
por su sangre y valentía,
    ninguno de sus agravios
justicia pide ni espera,
antes, la queja siquiera
aun no se atreve a los labios.
    Tanto la rienda permite
a su malicia, que de él
solo está seguro aquél
que no tiene qué le quite.
    ¿Éste es, señor, el esposo
que dar queréis a Leonor?

Príncipe

El probara mi rigor
si no fuera tan dichoso
    que conviniese a mi intento
agora no disgustarlo;
pero, si llego a lograrlo,
dará público escarmiento.

Ramiro

    Eso está bien advertido,
como también lo será
que supuesto que nos da
con proceder tan perdido
    aviso tan declarados
de lo poco que podéis

fiaros de él, no le deis
parte de vuestros cuidados.
Demás que a la majestad
del Rey, vuestro padre, ha sido
tan afecto y le ha servido
siempre con tanta lealtad
 que es muy cierto, si se fía
de él vuestra Alteza, que es dar
contra sí mismo lugar
dentro del pecho a una espía.

Príncipe Mi norte habéis de ser vos.
     Seguiré vuestro consejo.

Ramiro   Como leal, como viejo
     y amigo os le doy.

Príncipe   Adiós,
     y empezad luego, Ramiro,
     que importa lograr los días.

Ramiro   Confiad; que como mías,
     señor, vuestras cosas miro.

(Vase.)

Príncipe   Yo he perdido un gran soldado
     en don Juan. ¿Quién entendiera
     que tan ciegamente hubiera
     su noble sangre infamado
      un hombre de tal valor?
     En abriendo el pecho al vicio,
     el más pequeño resquicio
     da puerta franca al error.

(Sale don Juan.)

Juan (Aparte.) (Ya don Ramiro salió
y ya la ventura mía
es cierta, pues don García
por su cuenta la tomó.)
  De mi ventura, señor,
las gracias os vengo a dar
pues no la puedo dudar
siendo vos mi intercesor.

Príncipe Aseguraros podría
mi amor y vuestra lealtad;
mas la ajena voluntad
no está, don Juan, en la mía.
  De cuanto he podido hacer
vuestra amistad me es deudora;
mas Ramiro por agora
no está de ese parecer.
  pero perder no es razón
la confianza por esto;
que en cosas tales, no presto
se toma resolución.
  Mucho alcanza la porfía.
De vuestra parte obligad
vos, don Juan, su voluntad
que yo lo haré de la mía.

(Vase.)

Juan Ya me falta la paciencia.
¡Que ni mi sangre y valor,
ni del Príncipe el favor

conquisten sus resistencia!
Veme pobre, y es avaro.
¡Ah, cielos! ¡Que el interés
oscurezca así a quien es
por su linaje tan claro!
Pues Leonor ha de ser mía
—¡vive Dios!— a su pesar,
Medio no me ha de quedar
que no intente mi porfía.
Ciego estoy y estoy perdido,
y ya la resolución
llegó a la imaginación
que mil veces he tenido.

(Sale Beltrán.)

Beltrán   ¿A solas estás hablando,
señor?

Juan   Sí, Beltrán, que el fuego
de la rabia en que me anego
del pecho estoy exhalando.
Don Ramiro ha resistido
a la intercesión que ha hecho
por mí el Príncipe.

Beltrán   Sospecho
que tuya la culpa ha sido;
que si luego que llegaste
a Zamora la pidieras,
cuando de tantas banderas
victorioso en ella entraste,
y cuando a tu calidad
igualaba tu riqueza,

                    sin que hubiese a tu nobleza
                    hecho la necesidad
                      olvidar su obligación,
                    y dar, en tales abismos
                    a tus enemigos mismos
                    lástima y a tu opinión,
                      no te negara la Leonor
                    don Ramiro.

Juan   ¿Agora das
                    en predicarme.

Beltrán   Estás
                    engañado. Esto es, señor,
                      discurrir; que yo no soy
                    tan necio, que predicando
                    culpara tus vicios cuando
                    de la misma tinta estoy.

Juan   Que lo erré, Beltrán, es cierto;
                    mas, por fineza mayor
                    quise alcanzar por amor
                    lo que pudo por concierto.
                      Mostróse al principio dura
                    Leonor, y quedar corrido
                    temí si no era admitido
                    y así quise mi ventura
                      asegurar, y en su pecho
                    vencer la dificultad
                    antes que la voluntad
                    de su padre; ya está hecho.
                      Ya no hay remedio. Ya estoy
                    en tan miserable estado,
                    que del empeño obligado,

| | de un abismo en otro doy.
Ya ni la opinión me enfrena,
pues la tengo tan perdida,
ni puede ofender mi vida
más mi muerte que mi pena.
Y así no me ha de quedar
pues no queda qué temer,
piedra alguna que mover
y [resuelvo] ejecutar
  un desatinado intento
que hasta agora he reprimido,
puesto que me lo ha ofrecido
mil veces el pensamiento.

Beltrán   Dilo si te he de ayudar,
como en lo demás, en él.

Juan   Si Ramiro tan cruel
me desprecia, es por estar
  él tan rico y verme a mí
tan pobre; porque su avara
condición solo repara
en el interés. Y así,
  de esto es solo empobrecerle
el remedio. ¡Vive Dios,
que hemos de trocar los dos
fortuna, y que he de ponerle
  y ponerme en tal estado
que me ruegue con Leonor!

Beltrán   ¿Cómo? Que el medio, señor
si es posible, es extremado.

Juan   Nada el medio dificulta;

| | que en la opinión no reparo.
             Cuanto tesoro el avaro
             en cofres de hierro oculta
             robarle una noche quiero. |

Beltrán   Tal modo de remediar
            llaman en Castilla echar
            la soga tras el caldero.

Juan   Yo, Beltrán, he resistido
            cuanto pude este deseo;
            mas agora que me veo
            ya tan del todo perdido,
                he de aliviar mis cuidados
            a costa de más excesos.

Beltrán   Mas ¿qué será vernos presos
            por ladrones declarados?

Juan   ¡Calla! ¿Quién se ha de atrever
            a mi sangre y mi valor?

Beltrán   Claro está. Yo soy, señor,
            solo quien ha de correr
                ciento de rifa, que soy
            lo más delgado.

Juan   Eso fuera
            si seguro no te diera
            el amparo que te doy.

Beltrán   Y si las desdichas mías
            lo ordenasen de tal suerte
            porque hay en efecto muerte,

	que te alcance yo de días,
	dime, ¿qué será de mí?

Juan / Tan funesta prevención
no es digna de la afición
que de tu pecho creí,
    pues en mi mal se declara.

Beltrán / ¿Mis burlas tomas de veras,
sabiendo que si murieras
por seguirte me matara?
    Ordena cómo ha de ser
y en las obras daré muestras
de mi fe.

Juan / Llaves maestras
para el efecto has de hacer.

Beltrán / Eso es fácil.

Juan / Ya el lucero
de la noche empieza a dar
luz por el Sol. Ve a cobrar
de don Domingo el dinero.

Beltrán / Pagarálo de contado;
que poca maña sería
que él esté en Zamora un día
sin habérsela pegado.

(Vanse. Salen Mauricio y un Sombrerero con un sombrero largo de noche en la mano.)

Mauricio / Don Domingo, mi señor,

saldrá agora.

Sombrerero   Saber quiero
si le agrada este sombrero
que ni de hechura mejor
  ni lana más bien obrada
en Zamora le hallará
según pienso.

Mauricio   Él sale ya.

(Sale don Domingo en cuerpo, sin sombrero y sin golilla.)

Sombrerero   Ved si la horma os agrada
                      de este sombrero.

Domingo   Primero
se ponga el suyo.

Sombrerero   Sí, haré,
pues lo mandáis.

Domingo   ¿Yo mandé
hacer coroza o sombrero?

Sombrerero   No hubiera desagradado
a ninguno sino a vos;
que es pintado. ¡vive Dios!

Domingo   Pues no le quiero pintado,
                sino a mi gusto y de lana.

Sombrerero   Éste es el uso que agora
está válido en Zamora.

Domingo	Ésa es razón muy liviana. Cualquier uso, ¿no empezó por uno?
Sombrerero	Sí.

Domingo	Pues, ¿por qué
	si uno basta, no podré
	comenzarle también yo?
	    ¿Que me ponga queréis vos,
	debiendo ser el sombrero
	para no cansar, ligero,
	uno que pese por dos?
	    El vestido ha de servir
	de ornato y comodidad;
	pues si basta la mitad
	de este sombrero a cumplir
	    con el uno y otro intento,
	¿para qué es bueno que ande,
	si me lo pongo tan grande,
	forcejando con el viento;
	    y si en una parte quiero
	entrar que es baja, obligarme
	a descubrirme o doblarme,
	o topar con el sombrero?
	    El vestido pienso yo
	que ha de imitar nuestra hechura
	por si nos desfigura,
	es disfraz que ornato no.
	    Muy bajo y nada pesado
	labrad otro; que no quiero
	comprar yo por mi dinero
	cosa que me cause enfado.

Sombrerero   Creed que acertar querría
                   a daros gusto.

(Vase.)

Domingo   Alumbrad.
                   ¡Hola! ¿Qué hacéis? ¡Acabad!

Mauricio   Mira que esa cortesía
                      del límite justo pasa.

Domingo   ¿Qué me debe a mí, Mauricio,
                   el que vive de su oficio
                   y va a comer a su casa?

Mauricio   Solo en la comodidad
                   te juzgaba diferente
                   de los demás.

Domingo   Solamente
                   lo soy en eso, es verdad;
                      mas por ella soy cortés.

Mauricio   ¿En qué lo fundas?

Domingo   Advierte,
                   honrando yo de esta suerte
                   con lo que tan fácil es,
                      las voluntades conquisto,
                   y mil veces asegura
                   de una grave desventura
                   a un hombre el estar bienquisto.
                      Dime tú, ¿no podrá ser

                         que viniendo yo a deshora
                         por las calles de Zamora,
                         me quiera alguno ofender
                            con ventaja, y al ruido
                         acaso llegara quien
                         por cortés me quiera bien
                         y con su espada atrevido,
                            de tan fiera tempestad
                         me librare?

Mauricio   Ser podría.

Domingo   ¡Mira si la cortesía
                         viene a ser comodidad!
                            Mauricio, el más necio engaño
                         es, pudiendo, [no] ganar
                         corazones con gastar
                         un sombrero más al año;
                            que si obligar voluntades
                         la mayor riqueza es,
                         riesgos busca el descortés,
                         y el cortés seguridades.

Mauricio   Sentencias son.

Domingo   Así muestro
                         que no es tema todo en mí.
                         ¿Quién es?

(Sale un Sastre.)

Mauricio   El sastre está aquí.

Domingo   Cúbrase el señor maestro.

37

Sastre   Así estoy bien.

Domingo   Nunca fue
el replicar cortesía.
¡Cúbrase por vida mía!

Sastre   Porque lo mandáis lo haré.

Domingo   ¿Qué es menester?

Sastre   La medida
de la capa.

Domingo   Llegad, pues.

Sastre   ¿Queréisla así?

(Tómale la medida hasta el tobillo.)

Domingo   ¿Hasta los pies?
¿En qué tengo yo ofendida
el arte que ejercitáis,
que con medida tan larga,
a que sustente una carga
de paño me condenáis?
    La capa que el m s curioso
y el más grave ha de traer
modesto adorno ha de ser
y no embarazo penoso.
    Puesto a caballo, la silla
apenas ha de besar.
Al suelo no ha de tocar
si pongo en él la rodilla.

       Si la tercio, cuando me es
forzoso sacar la espada,
de este lado derribada
no ha de embarazar los pies;
       y si la quiero tomar
por escudo, de una vuelta
que se dé sola, revuelta
en el brazo ha de quedar.
       Que si es larga, sobre el daño
que en la dilación ofrece,
mientras la cojo, parece
que estoy devanando paño.

Sastre
       Siendo así, ¿no ha de pasar
de la espada?

Domingo
               Así ha de ser;
vos tendréis menos que hacer
y yo menos de pagar.
       Alumbrad, ¡hola!

Sastre
               Allá fuera
hay luz y excedéis en esto.

Domingo
       No me vestiréis tan presto
si rodáis por la escalera,
       y así mi negocio hago.

(Vase el Sastre.)

Domingo
       Dime las partes, Mauricio,
de esa casa.

Mauricio
               El edificio

                              es nuevo.

Domingo   Me satisfago
                si el riesgo pasó primero
                de sus humedades otro,
                porque ni domar el potro
                ni estrenar la casa quiero.

Mauricio   Habitado ha sido.

Domingo   Pasa
                adelante.

Mauricio   Cuartos tiene
                bajo y alto.

Domingo   No conviene
                para mi gusto esta casa;
                  que en bajo quiero vivir,
                porque, en habiendo escalera,
                no me atrevo a salir fuera
                por no volverla a subir.

Mauricio   El remedio es fácil. Vive
                en el bajo tú y tu gente
                en el alto se aposente.

Domingo   ¿Y qué gusto me apercibe
                  un almirez al moler
                y un lacayo al patear?

Mauricio   ¿Pues hay más que condenar
                lo que viniere a caer
                  sobre tu vivienda?

Domingo	Di; ¿Qué es condenarlo?
Mauricio	Tenello, para no servirse de ello, cerrado, se llama así.
Domingo	Condenado, ¿he de pagarlo?
Mauricio	Claro está.
Domingo	Pues saber quiero, ¿en qué pecó mi dinero que tengo de condenarlo?

(Sale Nuño, con barba negra crecida y antojos y escribanías, y Beltrán.)

Nuño	El escribano está aquí que viene a hacer la escritura si te agrada por ventura aquella casa que vi.
Domingo	Señor secretario, venga en buen hora.
Beltrán	Apenas soy escribano.
Domingo	Yo le doy lo que es muy justo que tenga. Portugués debe de ser.
Beltrán	Pues, ¿por qué?

Domingo   De lo prolijo
de la barba lo colijo.

Beltrán   Es luto por mi mujer.

Domingo   ¿Viudo está?

Beltrán   Desdichas mías
me dieron tan triste estado;
que nunca el bien ha durado.

Domingo   Quien gozó tales dos días
   que envidia pueden causar,
hace mal en enlutarse.

Beltrán   ¿Cuáles son?

Domingo   El de casarse
uno, y otro el de enviudar.

Beltrán   Por eso lo siento así.

Domingo   ¿Por qué?

Beltrán   Porque se han pasado.

Domingo   No es del todo desdichado:
el del casamiento, sí
   pasó; que el de la viudez
no verá la noche oscura
mientras no quiera, pues dura
hasta casarse otra vez.

Beltrán	Vamos al negocio ya, que el tiempo en vano se pasa.
Domingo	Hazme, Nuño, de la casa relación.
Nuño	El sitio está de la ciudad retirado.
Domingo	Está bien; que es fastidioso el ruido, y no forzoso ha de ser, sino buscado. Y el que variar desea, la alcanza con eso todo, pues que vive de ese modo en la ciudad y en la aldea.
Nuño	Hasta agora no hay labrado más de lo bajo.
Domingo	Eso es bueno.
Nuño	Tiene un jardín.
Domingo	Lo condeno si no está muy retirado; que, si está cerca, es forzosa la guerra de los mosquitos; y los pájaros con gritos cuando sale el alba hermosa me atormentan los oídos. Otros oyen su armonía; mas yo, por desdicha mía, solo escucho los chillidos.

Nuño Pues, señor, bastantemente
está del cuarto distante
el jardín.

Domingo Pasa adelante.

Nuño Hay una famosa fuente.

Domingo Enfados no habrá mayores,
si está en el patio primero;
que es eterno batidero
de muchachos y aguadores.

Nuño Libre está de estos enfados
y, conforme a tus intentos,
muy lejos los aposentos
que han de habitar los criados.

Domingo Ése es un gentil aliño
de una casa; que, aunque fuera
hijo mío, no sufriera
llorando a la oreja un niño,
cuanto más el de un criado.
Nuño, tal gusto me ofrece
esa casa, que parece
que yo mismo la he labrado.
Pero dime, ¿hay herrador
cerca de ella? ¿Hay carpintero?
¿Hay campanario? ¿Hay herrero?
¿Hay cochera?

Nuño No, señor.

Domingo	Haced la escritura. Entrad,
	y el dinero os contaré.
Beltrán (Aparte.)	(Sin contar lo tomaré
	aunque falte la mitad;
	que temo que ha de entender,
	si me detengo, la flor.)
Nuño	Un advertencia, señor,
	de aquel barrio te he de hacer,
	que te puede ser molesta,
	en que agora he reparado;
	que hay muchos perros.
Domingo	¡Qué enfado!
	Mas cómprame una ballesta;
	que el fastidio que escucharlos
	me pudiera a mí causar,
	les pienso yo, Nuño, dar
	a sus dueños con matarlos;
	porque según imagino
	la comodidad ordena
	que no sufra yo la pena
	que puedo echar al vecino.
(Vanse.)	

Fin de la primera jornada

Jornada segunda

(Salen Leonor y Constanza.)

Leonor	De suerte, Constanza, estoy
que me falta el sufrimiento.
Constanza	En tan justo sentimiento
ningún consuelo te doy.
Leonor	Pensar que podrá el temor
hacerme sufrir su ausencia
ni que tendrá mi obediencia
jurisdicción en mi amor
es engaño conocido.
Prima, don Juan me ver
o moriré; que no está
en nuestra mano el olvido.
Constanza	No hay consejo que le cuadre
a quien se abrasa de amor;
pero si es cierto, Leonor,
lo que te ha dicho tu padre
de don Juan, ¿será razón
que el furor te desenfrene
y te pierdas por quien tiene
tan perdida la opinión?
Leonor	¡Ay, prima! No has penetrado
de mi padre los intentos.
Trazas son y fingimientos;
que [fabrica] su cuidado
los delitos con que afrenta
a don Juan por no [casarme];

              que tanto llega a dañarme
              su condición avarienta,
                 que por no apartar de sí
              el dote que de él espero.
              ¡A su guardado dinero
              tiene más amor que a mí!
                 [Esta, prima, es la ocasión;
              que don Juan no puede ser
              que deje de proceder
              conforme a su obligación.]

Constanza   ¿Qué delito no se espera
              de la vil necesidad?
              Si he de decirte la verdad
              no es ésta la vez primera
                 que a don Juan le han imputado
              en mi presencia en Zamora
              más excesos que tú agora
              a tu padre has escuchado.

Leonor   ¡No puede ser, no, Constanza!
              Hablada vienes sin duda
              de mi padre, y en su ayuda
              solicitas mi mudanza;
                 que está don Juan tan sobrado,
              aunque por servirme ha sido
              pródigamente perdido,
              que estas casas ha comprado
                 que pared en medio están,
              en que don Domingo habita.
              ¡Mira tú si necesita
              de hacienda ajena don Juan!

Constanza   Puede ser, mas yo te digo

	lo que de la fama oí, y de que lo cuenta así al tiempo doy por testigo.
Leonor	Mi suerte le habrá imputado [falsas culpas; que bastó,] Constanza, quererle yo para ser tan desdichado.
(Sale Inés.)	
Inés	Don Domingo de Don Blas licencia aguarda, señora.
Leonor	¡Eso me faltaba agora!
Constanza	Antes, prima, porque estás disgustada, será bien divertirte; que mil cosas de él me han contado gustosas.

Leonor	Ha dado en quererme bien
	    y aunque tiene calidad
	 y es muy rico y nada necio,
	 por figura le desprecio;
	 porque la comodidad
	    con tan cuidado procura
	 que en esta vida no tiene
	 otra atención, y así viene
	 el extremo a ser locura.

Constanza	Por eso mismo, Leonor, pues como dices te adora, le hemos de probar agora

       y ver si en él al amor
        la comodidad prefiere.
       ¿Qué arriesgas en ello, puesto
       que no volverá tan presto
       tu padre?

Inés   Y yo, si viniere
       te daré aviso.

Leonor   Entre, pues;
       que no reparo en si es justo,
       siendo, Constanza, tu gusto.
       Ponte a esa ventana, Inés.

(Salen Nuño y don Domingo, con capa hasta la espada, sombrero muy bajo y de muy poca falda, y valona sin golilla.)

Domingo   Ya con razón colegía,
        de tardarse la licencia,
        que entrar a vuestra presencia,
        señora, no merecía.

Leonor   Fue forzoso; si ha tardado
        la respuesta, perdonad.

Domingo   No ha sido incomodidad;
        que la aguardaba sentado.

Leonor (Aparte.)   (Mira si de sus extremos
        se olvida, prima.)

Domingo   Y agora,
        si dais licencia, señora,
        será bien que nos sentemos;

        que yo no apruebo el decir
        que debemos enseñarnos
        a estar en pie y a cansarnos
        para poderlo sufrir
           cuando es fuerza; porque, ¿a qué
        pueden a mí condenarme,
        si es fuerza, más que a cansarme
        entonces y estarme en pie?
           Y pudiendo no llegar
        jamás la fuerza, el enfado
        habré sin fruto pasado
        que me pudiera excusar.

Constanza   No lo funda mal.

Domingo (Aparte.)   (Leonor,
        Nuño, es bizarra y es bella;
        pero la que está con ella
        no me parece peor.)

Nuño (Aparte.)   (¿Si mudas el pensamiento?)

(Siéntanse, quedando Leonor en medio.)

Domingo   Por si habéis imaginado,
        de haberos yo visitado,
        que fue todo atrevimiento
           del amor por quien suspiro,
        sabed que, viniendo agora
        de fuera, supe, señora,
        que fue el señor don Ramiro,
           vuestro noble padre, a verme;
        y yo, con esta ocasión,
        pagando mi obligación,

	de ella he querido valerme
	para entrar donde os ofrezca
	sacrificios mi cuidado;
	porque, ya que no pagado,
	contento al menos padezca.
Constanza (Aparte.)	(Prima, en la comodidad
	le prueba.)
Leonor	Nunca entendiera
	que tan atrevido fuera
	ni, con tanta libertad
	siendo la primera vez
	que me habléis, se declarara
	vuestro amor; que cara a cara
	y con tanta desnudez,
	quien dice su voluntad
	más que enamora, desprecia.
Domingo	No os espantéis; que se precia
	de desnuda la Verdad.
	Y como ya mis enojos,
	mirándoos, dije algún día,
	me pareció que no había
	de hablar siempre con los ojos.
	Y al fin, deciros mi amor,
	puesto que abrasarme veo,
	era mi mayor deseo;
	y así tuve por mejor
	que, atrevido a declararlo,
	sufráis vos mi atrevimiento,
	que padecer yo el tormento
	que me daba el desearlo.

Leonor   Según esto, ¿vuestro antojo
preferís a mi respeto,
y hace en vos mayor efeto
vuestro gusto que mi enojo?
   Basta. Por hoy pasará
el haberos yo escuchado
y haberme vos visitado
con esta ocasión que os da
   la obligación que decís
que a mi padre le pagáis;
pero quiero que advirtáis
si en mi afición proseguís
   que tan difícil conquista
en mi esquivez emprendéis
que apenas alcanzaréis
una palabra, una vista,
   sin que para merecellas
más veces el alba os halle
dando quejas en mi calle
que contéis al cielo estrellas.

Constanza (Aparte.)   (¡Aquí es ello!)

Domingo   No entendéis,
según colijo, Leonor,
el fin a que [aspira] amor
pues tal condición ponéis.
   Cuando paguéis mi cuidado
tras de tanto trasnochar,
¿qué fruto podéis sacar
de amante tan serenado?
   Si os han de tocar mis daños,
¿no es mejor quererme agora
cuando tengo yo, señora,

                  más salud y menos años?

Leonor   No os juzgué tan material.

Domingo   Por dicha, ¿será cordura
                  que en material hermosura
                  busque yo gusto mental?
                    Pienso que yerra el camino
                  quien trueca un orden tan llano.
                  Lo humano quiere a lo humano,
                  lo divino a lo divino.
                    Y al fin, porque mis intentos
                  entendéis, en vuestro amor
                  gustos pretendo, Leonor,
                  que no pretendo tormentos.
                    Mirad, pues si es acertado
                  que negocie mi esperanza
                  placeres en confianza
                  con pesares de contado.
                    Cuando miro un pretendiente
                  que con mucho afán procura
                  la comodidad futura
                  despreciando la presente,
                    le digo: «Necio ambicioso,
                  contra tus intentos pecas,
                  pues buscas el bien y truecas
                  lo cierto por lo dudoso.
                    ¿Sabes tú que gozarás
                  lo porvenir que apercibes?
                  Acomoda lo que vives
                  y no lo que vivirás».
                    Y así, Leonor bella, advierto,
                  aunque aspiro a tal favor,
                  que el bien presente menor

										prefiero al mayor incierto.
										Hoy vivo. ¿Esperanza? Es vana
										la de [mañana, y no doy]
										las certidumbres de [hoy]
										por las dudas de mañana.

Leonor						Quien no quiere padecer
										no merecerá jamás.

Domingo					Atormentarse no más,
										¿Es medio de merecer?
												¿No hay regalos? ¿No hay servicios?
										¿No hay fiestas? ¿No hay galanteos?
										¿No merecen los deseos?
										¿No obligan los beneficios?
												¿Por fuerza he de trasnochar?
										¿Qué me hubiera a mí importado
										haber dos veces pagado
										esa casa, si el estar
												a la vuestra tan cercana
										no ha de excusar que me halle,
										como decís, en la calle
										tantas veces la mañana?

Leonor						¿Dos veces la habéis pagado?

Domingo					Un ladrón, un embustero,
										un sutil Caco, el dinero
										cobró de mí adelantado,
												no siendo suya, de un año;
										y otra vez se la pagué,
										porque de ella me agradé,
										al dueño.

(Levántase Leonor con furia.)

Leonor (Aparte.)　　　　(Cierto es mi daño
　　　　　　　　　　Cierta es de don Juan la afrenta;
　　　　　　　　　　testigo soy de ella yo,
　　　　　　　　　　y con esto confirmó
　　　　　　　　　　cuanto de él la fama cuenta.)
　　　　　　　　　　　Idos, con Dios, idos presto,
　　　　　　　　　　don Domingo de Don Blas.
　　　　　　　　　　No quiero escucharos más
　　　　　　　　　　que me habéis muerto.

(Vase.)

Domingo (Aparte.)　　　　　　　(¿Qué es esto?
　　　　　　　　　　Que me juzga considero
　　　　　　　　　　ya su esposo, bien lo arguyo
　　　　　　　　　　pues que siente como suyo
　　　　　　　　　　el gasto de mi dinero.)
　　　　　　　　　　　Decidla que tal cuidado
　　　　　　　　　　no le dé mi desperdicio,
　　　　　　　　　　porque siendo en su servicio,
　　　　　　　　　　daré por bien empleado
　　　　　　　　　　　mucho más. Entrad, entrad.

Constanza　　　　　Sí, diré; mas sin creer
　　　　　　　　　que lo haréis, que [os puede] ser
　　　　　　　　　de alguna incomodidad.

Domingo　　　　　　Engañada estáis, por Dios,
　　　　　　　　　que el gasto más opulento
　　　　　　　　　hiciera yo muy contento
　　　　　　　　　por cualquiera de las dos.

Constanza   ¿Por mí también?

Domingo   La beldad
             que en vos miro lo merece.

Constanza   Querer a dos os parece,
             sin duda, comodidad.

(Vase.)

Domingo   Sábeme, Nuño, quién es
             esta dama.

Nuño   Tu intención
             conozco en tu condición.
             Saberlo es fácil de Inés.

(Vase.)

Inés   Mi señor viene.

Domingo   Saldré
             a recibirle. Favor
             fue sin duda que Leonor
             lo sintiese, si no fue
               de condición recatada
             el disgusto que mostró,
             sintiendo que gaste yo
             por no quedar obligada.

(Sale Ramiro.)

Ramiro   ¿Vos en mi casa, señor
             don Domingo?

Domingo	Haber sabido
que primero he merecido
de vos el mismo favor
fue causa de anticiparme
a pagar mi obligación
por saber si es la ocasión
tener algo que mandarme.
Ramiro	El príncipe don García
para las fiestas que agora
trata de hacer en Zamora
a convidaros envía.
Ésta la ocasión ha sido
de buscaros.
Domingo	Tal favor
del Príncipe mi señor,
¿cuándo yo le he merecido?
Yo acepto de buena gana
lo que a mí me está tan bien;
mas vos haced que me den
a la sombra la ventana.
Ramiro	¿Qué ventana? Estáis errado;
cañas habéis de jugar.
Domingo	¿Eso llamáis convidar?
Errado habéis el recado.
Convidar dice, Ramiro,
fiesta en que tengo de holgarme;
que habiendo yo de cansarme
no es convite sino tiro.

Ramiro	Pues también a torear
de parte suya os convido.
Domingo	¿En qué le tengo ofendido
que quiere verme rodar?
Apenas capaz me hallo
de gobernar solo a mí,
¿e iré a gobernar allí
al toro, a mí y al caballo?
No hay cosa de que me asombre
con más razón que del uso
que la ley del duelo puso
entre una fiera y un hombre.
Si a mi posada viniera,
Ramiro, el toro a buscarme,
aun entonces el vengarme
puesto en razón estuviera;
mas si yendo yo a buscallo,
no estando de él ofendido,
el toro es tan comedido
que hiere solo al caballo,
y no a mí, ¿por qué el cruel
[fuero del duelo me obliga
a que arriesgado le siga
y me acuchille con él?]
Si a un hombre, que tanto vale
como valgo, determino
desafiar, un padrino
que las armas nos iguale
al campo llevo conmigo.
¿Y he de reñir con la espada
contra fuerza aventajada
siendo un bruto mi enemigo?
Doy pues que llego a matallo.

 ¿Es bien que arriesgue la vida
un hombre a vengar la herida
que un toro le dio a un caballo?
 Entre dos hombres jamás
pongo paz por no arriesgarme.
¿Y un caballo ha de obligarme?
¿Vale por ventura más?
 El peligro de la vida
quiero dejar, y dejar
la desdicha de rodar,
la pena de la caída.
 ¿Hay cosa más desairada
que un hombre medio aturdido,
bañado en polvo el vestido
y con la gorra abollada,
 esforzarse y no acertar
con la guarnición, turbado
el color, y rodeado
de mil pícaros, buscar
 el toro, los acicates
arando el suelo, y formando
rayas, quizá procurando
escribir sus disparates?
 Si a estos gustos me convida,
el Príncipe me perdone.
Quien la vida a riesgo pone
donde no le va la vida,
 hace muy gran necedad.
Siempre que a nadar entré,
Ramiro, fue haciendo pie
hacia la profundidad,
 con gran tiento caminando;
y cuando el agua sentí
al pecho, luego volví

        hacia la orilla nadando.
    No he de arriesgar con los toros
la vida; que no arriesgara
más si vencer me importara
un ejército de moros.

Ramiro
        Al Príncipe lo diré
de esa suerte.

Domingo
              Más compuesta
le podéis dar la respuesta.
Decidme, ¿cuánto podré
    gastar yo para lucir
estas fiestas?

Ramiro
              Mil ducados.

Domingo
Luego os los traerán contados.
Con ellos quiero servir
    a su alteza, que sospecho
que está con necesidad;
y así mi comodidad
resultará en su provecho
    y en mi disculpa; que entiendo
que más gusto le he de hacer
[con] dárselos sin caer
que con gastarlos cayendo.

(Vase.)

Ramiro
        [Injusto] nombre os ha dado
la fama que loco os llama;
que mejor puede la fama
llamaros desengañado.

(Vase. Salen don Juan y Beltrán.)

Beltrán   De allí salió. Yo le vi.

Juan   ¿Ramiro le admite ya,
y la licencia le da
que jamás yo merecí?
   Él lo codicia, Beltrán,
para esposo de Leonor.
¡Ah, don Ramiro! ¿Es mejor
don Domingo que don Juan?

Beltrán   Para serlo basta ser
él más rico; bien lo fundo
puesto que no tiene el mundo
más linaje que «tener».

Juan   La riqueza importa poco
si de loco la opinión
la deslustra.

Beltrán   Socarrón
le llamo yo, que no loco.

Juan   [Beltrán], yo resuelvo entrar
a hablar a doña Leonor;
si es el que dice su amor,
las obras lo han de mostrar.
   Si es firme su pensamiento,
si por esposo me quiere,
deme la mano, y no espere
que de su padre avariento
   la insaciable condición

	a don Domingo la entregue,
	y a mi amor con esto niegue
	el cabello [la] Ocasión.
Beltrán	¿Pues mudas ya parecer, señor?
Juan	¿Cómo?
Beltrán	¿No decías que a don Ramiro querías, robándole, empobrecer, para que él mismo te ofrezca a doña Leonor, así haciéndote rico a ti lo mismo que le empobrezca?
Juan	Sí, Beltrán; mas el postrero ese remedio ha de ser, si de otra suerte vencer la dificultad no espero. Y por lo menos agora me conviene averiguar, para poderlo estorbar, si don Domingo la adora, y gozar su mano espera por premio de inesperanza; por si una vez la alcanza, tarde el remedio viniera.
Beltrán	Él viene allí.
Juan	Pues yo quiero agora notificarle

                        mi amor, Beltrán, por quitarle
                        estorbos al bien que espero.

(Salen don Domingo y Nuño.)

Domingo   ¿En fin, se llama Constanza
                        la que estaba con Leonor
                        y es su prima?

Nuño   Sí, señor.

Domingo   Es hermosa.

Nuño   La mudanza
                        colegí de tu cuidado
                        en mandándome informar.

Domingo   Mudanza no has de llamar
                        a la que es razón de estado.
                            Nuño, quien solo un caballo
                        tuviere y solo un amor
                        será esclavo del temor
                        de perderlo o de cansallo.
                            Querer sin apelación
                        es forzosa tiranía,
                        y el amor que desconfía
                        crece con la emulación.
                            Tenga Leonor a sus ojos
                        quien castigue su rigor
                        y yo al lado de Leonor
                        quien mitigue sus enojos.
                            No me pareció Constanza
                        menos que su prima bella.
                        En Leonor pondré y en ella

| | igualmente mi esperanza.
| | La que me quiera he de amar;
| | la que no, no he de querer;
| | que en esto, corresponder
| | quiero más que conquistar.

Nuño

    Bien harás si te permite
el amor esa elección.

Domingo

    No permito a la pasión
yo jamás que me la quite.
   Un papel le llevarás
luego a Constanza.

Nuño

            Si amor
tienes a entrambas, señor,
entrambas las perderás.

Juan

    Si muy de prisa no vais,
señor don Domingo, oíd
una palabra.

Domingo

          Decid;
que lo que vos importáis,
  señor don Juan, lo primero
ha de ser.

Juan

          Nadie en Zamora,
según es público, ignora
que por la belleza muero
  de doña Leonor, la hermosa
hija de Ramiro; y siendo
yo quien soy, con causa entiendo
que es obligación forzosa

	de cualquiera caballero no oponerse a mi afición.
Domingo	Digo que es obligación y que de mi parte quiero cumplirla; que, aunque es verdad que yo su amor pretendía porque el vuestro no sabía, preferir la antigüedad es cortesano respeto.
(Aparte.)	(Nada pierdo, pues Constanza me obligaba a esta mudanza.) Y así olvidarla os prometo. ¿Queréis más?
Juan	Fío de vos que lo haréis.
Domingo	Como quien soy de ello la palabra os doy.
Juan	Dios os guarde.

(Vanse don Juan y Beltrán.)

Domingo	Guárdeos Dios.
Nuño	¡Qué fácil y qué sin pena la dejas!
Domingo	No era [cordura] reñir por una hermosura que tiene achaque de ajena. Si en esto culparme quieres,

                        es necedad conocida;
                        porque no hay más de una vida,
                        Nuño, y hay muchas mujeres.

(Vanse. Salen don Juan y Beltrán.)

Beltrán   Este estorbo ha ya cesado;
                        mas, ¿cómo te entraste así?
                        ¿Quieres que te encuentre aquí
                        Ramiro?

Juan   Desesperado
                        y sin paciencia me veo;
                        o a Leonor he de perder
                        o obligarla a resolver
                        a dar fin a mi deseo.

Beltrán   Esto es hecho; ya Leonor
                        está aquí.

(Sale Leonor.)

Leonor   Don Juan, ¿qué intento
                        os ha dado atrevimiento
                        de entrar en mi casa?

Juan   Amor,
                           tormento, rabia, despecho,
                        furia, desesperación;
                        que no sufre la pasión
                        ya la prisiones del pecho.
                           En los peligros son años
                        los puntos de dilaciones;
                        [breves determinaciones]

remedian eternos daños.
   Resuelto vengo, Leonor.
Ramiro a mi voluntad
se opone; mas si es verdad
que me queréis, y el amor
   ha conformado a los dos,
mostradlo aquí, que os advierto
que o sin vos volveré muerto
o vivo, Leonor, con vos.

Leonor   Mientras batallan, don Juan,
dos contrarias calidades,
las mismas contrariedades
materia a sus fuerzas dan;
   mas, en llegando a vencer
una de ellas, la vencida,
cuanto más pierde la vida,
más fuerza aumenta al poder,
   incentivo a la venganza,
materia a la actividad
de la opuesta calidad
que de ella victoria alcanza.
   Así el amor que os tenía,
mientras a las persuasiones
de tantas murmuraciones
que os infaman resistía,
   en ellas mismas hallaba
ocasión de estar más ciego,
y la resistencia el fuego
de mi pecho acrecentaba;
   mas, al fin, con tal violencia
verdades claras, que son
noche de vuestra opinión,
vencieron mi resistencia;

 que cuanto fue de quereros
más incentivo el amor,
tanto es materia mayor
agora de aborreceros.
 ¿Mi pecho ha de preferir,
mi afición ha de estimar,
mis ojos han de mirar,
mis oídos han de oír,
 a quien deslustra su fama
con una y otra bajeza,
y su natural nobleza
con sus costumbres infama?
 ¿Y a quien ya causarme enojos
tan poco llega a temer,
que no recela poner
sus afrentas a mis ojos,
 pues la más vecina casa
—porque ni él pueda negar
sus infamias, ni ignorar
pudiese yo lo que pasa—
 no siendo suya, ha arrendado
para que en su afrenta vil,
Caco embustero y sutil,
atrevido el engañado
 le llamase en mi presencia
sin saber que me ofendía?
¿La mano pretende mía
quien da tan franca licencia
 de murmurar su opinión?
Teniendo yo por marido
a quien tanto la ha perdido,
¿mereciera estimación?
 ¿Ni aun de vos? No soy tan necia
que quiera darme a entender

       que estimará a su mujer
quien su mismo honor desprecia.
   Idos de aquí, persuadido
a que ya de vuestro amor
solo me queda el dolor
de haberos favorecido.

(Vase.)

Juan   ¡Espera! ¡Escucha, señora!

Beltrán   Es por demás.

Juan   ¡Ay de mí!
¿Posible es que tal oí?

Beltrán   ¡Estamos buenos agora!

Juan   ¿Esto, rigurosos cielos,
en mis desdichas faltaba?
¿Mi pena no me bastaba?
¿No me sobraban mis celos?
   De los mismos desvaríos
que en lisonja de tu amor
cometí, ingrata Leonor,
¿haces desméritos míos?

Beltrán   ¡Siempre, vive Dios, temí
este fin!

Juan   Pues, ¿quién pensara
que ya que Leonor culpara
los yerros que cometí,
   no hubiera, al menos en cuenta

del descargo recibido,
ver que yo no haya temido,
por servirla más, mi afrenta?

Beltrán [Bien lo pudiera entender
quien la fabulilla vieja
supiera de la corneja;
que ha mucho ya que por ser
   tan común nadie contó,
y de puro no contada
es de muchos ignorada,
y así he de contarla yo
   porque el caso se acomoda
y tú, para disculpar
a Leonor, la has de escuchar.
Asistir quiso a la boda
   del águila, mas se halló
la corneja tan sin galas
que adornó el cuerpo y las alas
de varias plumas que hurtó
   a otras aves, de manera
que apenas llegó a las bodas
cuando conocieron todas
sus plumas, y la primera
   el águila la embistió
a cobrarlas con tal furia
que para la misma injuria
ejemplo a las otras dio.
   —¡Detente! ¿Qué rabia es ésta?
—dijo la corneja—. Advierte
que solo por complacerte
y por venir a tu fiesta
   más brillante las hurté.
Y el águila respondió:

                    —Necia, ¿por ventura yo
                    pudiera culpar tu fe,
                       siendo tu fortuna escasa,
                    cuando galas no trujeras,
                    o con las tuyas vinieras,
                    o estuviéraste en tu casa?
                       Y al fin, como tú saliste
                    castigado del desdén
                    de Leonor, salió también
                    corrida, desnuda y triste.
                       ¡Y pluguiera a Dios que dieran
                    siempre con igual rigor
                    esta pena al mismo error!
                    Que yo sé bien que advirtieran,
                       menos falsos, más de cuatro,
                    que, con ajeno vestido,
                    el aplauso han merecido
                    del púlpito y del teatro.]

Juan   Lo hecho, [Beltrán] ya está hecho;
                    lo que resta es remediar
                    lo porvenir y dejar
                    este agravio satisfecho
                       de don Domingo que habló
                    tan libremente de mí
                    a doña Leonor.

Beltrán   Si a ti
                    Caco sutil te llamó,
                       ¿qué nombre dará a Beltrán
                    que echó la llave al enredo?

Juan   Muy presto sabrá, si puedo,
                    cómo ha de hablar de don Juan.

(Vanse y salen don Domingo, quitándose capa y espada y Nuño y Mauricio, de noche.)

Mauricio   Señor, si quieres cenar
es hora ya.

Domingo   Majadero,
hora es cuando yo quiero.
El tiempo ha de señalar
el reloj, que no dar leyes;
que en esta puntualidad
contra la comodidad
tengo lástima a los reyes.
  El manjar me sabe más
cuando yo lo he menester,
y no tengo de comer
porque comen los demás.
El uso común dispuso
hora en esto señalada,
voluntaria, no forzada.
No ha de obligarnos el uso.
  Bastará que nos lo acuerde;
que quien antes de tener
hambre se pone a comer,
no sabe lo que se pierde.
  Dime, dime, ¿recibió
el billete?

Nuño   Recibióle,
y no sin gusto.

Domingo   ¿Y leyóle,
Nuño amigo?

Nuño	Y le leyó.
Domingo	¿Y qué respondió Constanza?
Nuño	La respuesta fue muy corta.
Domingo	¿Y qué fue?
Nuño	Callar.

Domingo
                      No importa;
vida tiene mi esperanza.
  Nuño, no camina mal
a su puerto mi deseo,
si aquel epigrama creo
que hizo de Nevia Marcial.
  «Escribí, no respondió
Nevia; luego dura está.
Mas pienso que me querrá
pues lo que escribí leyó.»
  Haz que me den de cenar,
Mauricio, agora; que agora
que tengo yo gana, es hora.

(Vase Mauricio.)

Nuño	¡Qué poco tardó en llegar!

Domingo
         Lo que faltaba tardó,
que es gana, y su nombre infiere
que viene cuando ella quiere
y no cuando quiero yo.

(Sale Mauricio.)

Mauricio   Un mancebo, al parecer
                 ilustre, que te ha buscado
                 esta tarde con cuidado,
                 dice que te quiere ver.

Domingo   ¿Qué me querrá?

Mauricio   Yo sospecho
                 que un papel te viene a dar.

Domingo   ¿Papel antes de cenar?
                 ¡Oh, qué disgusto me has hecho!
                    Carta o billete jamás
                 me des en tal ocasión;
                 que me quita la sazón
                 el cuidado que me das.
                    Entre; que ya lo has errado
                 con darme las nuevas de él
                 y no me dará el papel
                 más disgusto que el cuidado.

(Sale un Gentilhombre con un papel. Dalo a don Domingo. Él toma una luz y lee aparte.)

Gentilhombre   Éste en secreto mirad;
                 que a su dueño he de llevalle
                 la respuesta.

(Lee.)

Domingo   «En vuestra calle
                 esta noche me aguardad

	luego que su sombra fría
	ocupe de nuestro polo
	el término, y venid solo.
	El príncipe don García.»
(Aparte.)	(¡El Príncipe! Letra es ésta
	de su mano. Que aguardar
	no tenéis, donde es callar
	y obedecer la respuesta.)
	¡Hachas, hola!
Gentilhombre	¿Adónde vais?
Domingo	A acompañaros iré
	como debo.
Gentilhombre	No saldré
	yo de aquí si no os quedáis.
Domingo	Servir es obedecer,
	y no obliga a quien porfía.

(Vase el Gentilhombre.)

	El príncipe don García
	mi persona ha menester.
	Sacadme presto una espada,
	una cota y un broquel.
(Aparte.)	(Si he de ir acaso con él
	a alguna ocasión pesada
	es cordura ir prevenido.)
Nuño	¿No quieres cenar, señor?
Domingo	En tocando al pundonor,

	Nuño, de todo me olvido.

                          Nuño, de todo me olvido.
                              Siempre vivo a lo que estoy,
                          según mi sangre, obligado;
                          que por ser acomodado
                          no dejo de ser quien soy.

Nuño   Es la cota muy pesada;
                          no la sufrirás, señor.

Domingo   En tocando al pundonor,
                          Nuño, no me pesa nada.

(Saca Mauricio las armas.)

Nuño   ¿Es acaso desafío?

Domingo   Nada me has de preguntar.

Mauricio   ¿Hémoste de acompañar?

Domingo   Solo he de ir.

Nuño   De ti confío
                          que de todo bien saldrás.

Domingo   En tocando al pundonor,
                          Nuño, revive el valor
                          y muere en mí lo demás.

(Vanse. Salen Beltrán, con un billete, y don Juan, de noche.)

Juan   Entra, Beltrán, y el billete
                          le entrega en su propia mano.

Beltrán	Pienso que es intento vano, porque su opinión promete
	que a estas horas acostado estará ya; que la fama como sabes, no le llama sin causa «el acomodado».
	Y si esta misma razón considero, desconfío de que acepte el desafío; porque de su condición,
	señor, presumir es justo que por respuesta ha de dar que no suele trasnochar para cosas de más gusto.
	Y si acaso es tan cobarde como lo colijo de él, solo servirá el papel de avisarle que se guarde.
Juan	Dices bien.
Beltrán	Señor, espera, que una luz llega al zaguán.
Juan	Él sale fuera, Beltrán.
Beltrán	¡Y solo! ¿Quién tal creyera? La llave a la puerta ha echado por de fuera.
Juan	Quiero hablalle.
Beltrán	Su cuidado está en su calle, pues en ella se ha parado.

(Sale don Domingo, de noche.)

Juan
 Ya tengo más ocasión
 que a la venganza me obligue;
 que esto muestra que prosigue
 la comenzada afición
 de Leonor.

Beltrán
 Infieres bien.

Domingo (Aparte.) (Gente viene. ¿Si será
 Éste el Príncipe?) ¿Quién va?

Juan
 Señor don Domingo, quien
 os buscaba con cuidado.

Domingo ¿Es don Juan?

Juan
 Sí.

Domingo
 Ya me habéis
 hallado. ¿Qué me queréis?

Juan No es lugar acomodado
 éste para lo que os quiero.
 Solos al campo los dos
 salgamos; que allí con vos
 tengo un negocio.

Domingo
 Yo espero
 una precisa ocasión
 en este mismo lugar,
 a que no puedo faltar.

            Decidme aquí la razón
              que tenéis de sentimiento
            que os obligue a desafío;
            que si, como yo confío,
            es injusto el fundamento,
              con desengañaros, quiero
            no faltar yo a la ocasión
            que espero, y la obligación
            que de sacar el acero
              nos pondrá el haber salido
            al campo excusar, supuesto
            que si os engañáis en esto,
            no me doy por ofendido.

Juan

            Porque sé que la ocasión
            de mi agravio es verdadera,
            la diré; que si pudiera
            esperar satisfacción
              la callara hasta salir
            al campo; que el aguardar
            satisfacción es mostrar
            poca gana de reñir.
              Vos, cuando a Leonor hablasteis
            porque arrendado os había
            esta casa sin ser mía,
            «Caco sutil» me llamasteis.

Domingo

            Nunca la verdad negué.

Juan

            Ésta es la ofensa que quiero
            que sustente vuestro acero.

Domingo

            Luego, ¿porque os igualé
              al sutil [Caco], ofendido,

	don Juan, me desafiáis?
Juan	Siendo quien sois, ¿no juzgáis cuán grande ese agravio ha sido?
Domingo	Pues, el pensamiento mío según eso me engañaba.
Juan	¿Cómo?
Domingo	Porque yo esperaba de Caco este desafío.
Juan	¡Que os atreváis de ese modo a agraviarme!
Domingo	Si a reñir al campo hemos de salir, reñiremos sobre todo.
Juan	Vamos, pues; que no permite mi enojo más dilación.
Domingo	Ni a mí cierta obligación que de este puesto me quite, como he dicho, por agora. Y así, porque yo no sé cuánto en él me detendré, señalad el puesto y hora para mañana, y veréis que salgo, como quien soy, a buscaros. De ello os doy la palabra.

Juan	No saldréis
que el ser tan acomodado
arguye poco valor.
Domingo	En tocando al pundonor,
estás, don Juan, engañado.
Conmigo el valor nació,
las fuerzas he de adquirir;
que ellas han de conseguir
lo que el valor emprendió.
Y cuanto más me acomodo
cuando inquietudes no tengo,
tantas más fuerzas prevengo
a mi valor para todo.
Y solo advertiros quiero
que podéis echar de ver
cuánto me va en no perder
lo que en esta calle espero,
pues dilato la venganza
del agravio que me hacéis
en mostrar que no tenéis
de mi valor confianza.
Juan	Ya según exageráis
que os importa no salir
de esta calle, a colegir
vengo que me quebrantáis
la palabra; porque aquí,
¿qué puede, sino el amor,
deteneros, de Leonor?
Domingo	Nunca a lo que prometí
falté, y reservo también
ese agravio al desafío.

Juan	No tiene paciencia el mío. Aguardar no me está bien ocasiones dilatadas cuando me importa vengarme.
Domingo	Pues si no podéis sacarme de la calle a cuchilladas, es vana vuestra porfía.
Beltrán	¿Qué esperamos?
Juan	El acero no saques tú; que no quiero reñir con superchería.

(Acuchíllanse.)

Domingo	No importa; hábil como a dos, basto solo cuando llego a sacar la espada.
Beltrán (Aparte.)	(¡Fuego, rayo, furia es! ¡Vive Dios! En Cantalapiedra ha dado don Juan. Pero, ¿quién pensara que a todo se acomodara tan bien el acomodado?)
Juan	¡No vi tan valiente acero jamás!
Domingo	Don Juan, gente viene y advertid que no os conviene,

　　　　　　　　si es acaso quien espero,
　　　　　　　　　que os halle en esta ocasión
　　　　　　　　que ya lograr no podéis,
　　　　　　　　y no es bien que me estorbéis
　　　　　　　　que cumpla mi obligación
　　　　　　　　　sin fruto; y, pues os mostré
　　　　　　　　con tanto valor agora
　　　　　　　　que mañana el puesto y hora
　　　　　　　　que me señaláis iré,
　　　　　　　　　señaladle, y cese aquí
　　　　　　　　la cuestión; que me daréis
　　　　　　　　a entender, si no lo hacéis,
　　　　　　　　que medroso ya de mí,
　　　　　　　　　queréis que esta gente sea
　　　　　　　　medianera entre los dos.

Juan　　　　　　Bien decís, y así con vos
　　　　　　　　se verá, como desea,
　　　　　　　　　mi pecho. A esta misma hora
　　　　　　　　mañana, esperadme aquí,
　　　　　　　　porque evitemos así
　　　　　　　　sospechas, y de Zamora
　　　　　　　　　solos y juntos los dos,
　　　　　　　　a la estacada saldremos
　　　　　　　　que entonces señalaremos.

Domingo　　　　Yo os aguardo.

Juan　　　　　　　　　　　　Adiós.

Domingo　　　　　　　　　　Adiós.

(Vase.)

Beltrán   Valor tiene.

Juan   Vivo o muerto
he de salir de cuidado.

Beltrán   Huélgome que hayas sacado
mi blanca de este concierto.

(Vanse.)

            Fin de la segunda jornada

Jornada tercera

(Salen don Juan y Beltrán, de noche y con linternas.)

Beltrán	Si así te vas quitando inconvenientes, por hambre vencerás a don Ramiro.
Juan	A ejecutar la inclinación aspiro de que he tenido impulsos tan valientes, que, cuando otros motivos no tuviera, es cierto que lo hiciera solo por ver cumplido este deseo de que sin rienda fatigarme veo.
Beltrán	En errar o acertar esta jornada te va a ser César esta noche o nada.
Juan	Siempre ayuda al osado la Fortuna.
Beltrán	Y en esto pienso yo, sin duda alguna, que los mismos doblones que entramos a robar, con avisarnos a voces donde están, han de ayudarnos por salir de tan lóbregas prisiones; pues, según don Ramiro los encierra, no sirve de moneda agora el oro más que cuando ocupó, inútil tesoro, el centro oscuro en su nativa tierra.
Juan	Comencemos la empresa; que Morfeo sepulta en las corrientes del Leteo los humanos sentidos.
Beltrán	Envidia tengo a los que están dormidos;

| | que de sueño me tienen alcanzado
las noches que nos hemos desvelado
buscando a don Domingo inútilmente. |
|---|---|

Juan   El cobarde temió.

Beltrán   ¡Que tan valiente
riñendo aquella noche se mostrase,
y que después trocase
tanto en temor el brío,
que no solo faltase al desafío,
pero se haya ocultado
de suerte que la industria y el cuidado
y el desvelo haya sido
en buscarle perdido!

Juan   ¿Qué más venganza quiero? ¿Pude darle,
Beltrán, mayor castigo que obligarle
a vivir escondido y temeroso?

Beltrán   Él, pienso yo, que ha sido el victorioso,
pues estará, conforme a su costumbre,
dondequiera que esté, sin pesadumbre,
puesto en acomodarse su cuidado
mientras los dos nos hemos desvelado.

(Don Juan alumbra y Beltrán va sacando llaves y abriendo.)

Juan   Vengan las llaves.

Beltrán   Pruebo la primera
en el postigo; si estampada en cera
la original se hubiera fabricado
nos sacara más presto de cuidado.

Juan	Lo mismo es ser maestra.
Beltrán	El efecto lo muestra pues no le han resistido las guardas y la puerta se ha rendido.
Juan	Entremos pues pisando lentamente, porque somos perdidos si la gente de Ramiro despierta.
Beltrán	Paso para su cuarto es esta puerta.
Juan	Ábrela pues, Beltrán; que es avariento y en los que están detrás de su aposento, por guardarlo mejor, tendrá en tesoro.
(Abre.)	
Beltrán	Las llaves pienso que habilita el oro.
Juan	Pasemos adelante porque en el aposento más distante del de Ramiro hemos de entrar primero; que hay menos riesgo y tiene por ventura la distancia mayor por más segura.
Beltrán	Éste en el corredor es el postrero. Alumbra. Ésta no cabe. La cerraja es pequeña. Menor llave es menester. Entró como en su casa.
Juan	Entra muy quedo.

Beltrán   Aquí no hay nada.

Juan   Pasa
al otro más adentro.

Beltrán   Mas, ¿qué fuera
que Ramiro tuviera
debajo de su cama su dinero?

Juan   No está seguro allí. Robarlo espero.

Beltrán   ¿Y si despierta y defenderlo intenta?

Juan   Será su vida precio de mi afrenta.

(Sale don Domingo en jubón, sin espada. Sacan las espadas don Juan y Beltrán.)

Domingo   ¿Quién es?

Juan   Sentidos somos.

Domingo   Don Ramiro,
¿a matarme venís?

Juan   ¿Qué es lo que miro?
¿No es don Domingo?

Beltrán   ¡Él es, por Dios!

Juan   ¡Cobarde!
¿Así a Leonor pusisteis en olvido?
¿Así vuestra palabra habéis cumplido
que, porque nada pueda disculparos

	en el mismo delito vengo a hallaros?
Domingo	Escuchadme, don Juan.
Juan	¿Desafiado

no salisteis al campo, y por sagrado
la misma casa donde
aumentáis mis ofensas os esconde?
¿Ésta era la ocasión que os [impedía]
salir al campo a fenecer la mía?
¡Para romper la fe que prometisteis,
para más agraviarme me pedisteis
treguas y dilaciones!
Juzgad vos vuestra culpa, y las razones
que tengo de mataros y vengarme.

Domingo   ¡Tened! Nada arriesgáis en escucharme,
pues sin armas me veis con que os lo impida.
No es, don Juan, en defensa de mi vida
lo que deciros quiero.
Más importa que yo. Pues caballero
sois, no os importa menos. Esto os pido,
y tened el acero prevenido
porque interrumpa con rigor violento
su primer movimiento,
para vengar, don Juan, vuestros agravios,
los últimos acentos de mis labios.

Juan   Tan encendida furia
me provoca a vengar de vuestra injuria,
que tengo de escucharos
solo por dilataros
la pena de esta suerte;
que del castigo es término la muerte,

	y la venganza, es cierto
	que la siente el morir, no el haber muerto.
Domingo	Ved pues, don Juan, primero
	este papel, que quiero

(Dale un papel. Don Juan lo lee.)

	que me sirva de carta de creencia,
	porque no pongáis duda en la evidencia
	de lo que he de contar.
Juan	Yo lo he leído,
	y la firma conozco de su Alteza.
Domingo	La noche, pues, que vos de mí ofendido,
	para satisfacer la injuria vuestra
	del campo libre a la marcial palestra
	provocasteis mi acero, en cumplimiento
	de este que ves preciso mandamiento,
	al Príncipe aguardaba
	en aquel puesto y hora.
	Mirad, don Juan, agora
	si con razón juzgaba,
	siendo la suya ley tan poderosa,
	más que la vuestra ocasión forzosa.
	Llegó su Alteza, pues, de cuyo intento
	no solo no tenía
	el indicio menor, mas no podría,
	aunque muchos tuviera,
	pensar jamás que tan extraño fuera.
	«Venid —me dijo el Príncipe—, conmigo.»
	Yo obedezco, y le sigo
	y en llegando a la puerta

de Ramiro paró y en un momento,
siendo una seña suya el mandamiento,
la vi, don Juan, abierta.
Entramos y Ramiro, su privado,
con paso recatado
y silencio confuso,
en este sitio en que me halláis nos puso.
Solos aquí los tres, rompió su Alteza
a los labios el sello,
y dijo... No podréis, don Juan, creello,
pues yo, aunque reconozco su fiereza,
cuando intentos oí tan atrevidos
pensé que se engañaban mis oídos
y agora al referiros esta historia
crédito apenas doy a la memoria.
«Ya sabéis —dijo—, que mi padre Alfonso,
de este nombre el tercero,
Rey de León, el ya cansado acero
al ocio rinde y en la vaina olvida,
como quien ve el ocaso de su vida,
cuando contra las huestes sarracenas
el juvenil orgullo basta apenas.
También sabéis que su caduca mano
del reino intenta gobernar en vano
el timón, que de fuerza necesita
que con Neptuno y Aquilón compita;
y así yo, porque espero
sucederle en el reino, y considero
que es mejor prevenir inconvenientes
que daños remediar ya sucedidos,
resuelvo trasladar de la persona
de mi padre a mi frente la corona
sin aguardar su muerte. Prevenidos
tiene ya en mi [favor] sus escuadrones

Castilla; facilitan prevenciones
de la Reina mi madre mis intentos;
y mis vasallos todos, mal contentos
de Alfonso, me aseguran;
y cuantos ricos, nobles, poderosos
esta ciudad conoce, deseosos
del bien común, conmigo se conjuran;
y éste fue de llamaros el intento,
para que, haciendo el mismo juramento
que los demás, conmigo
quedéis por aliado y por amigo.»
Nunca, don Juan, pensara
que la lealtad dormida
en ocios de la vida
con tan ardiente furia despertara
a una voz halagüeña,
que el daño esconde cuando el premio enseña.
¿Veis cómo en sus entrañas
el alquitrán oculta disimulan,
cuando en las cumbres que al Olimpo emulan
ostentan blanca nieve, las montañas
que dan tumba a la vida y al deseo
del soberbio sacrílego Tifeo;
y si es entonces de centella breve
concitado el azufre, espesa nube
de fuego y humo a las estrellas sube
y es ceniza después cuanto fue nieve,
dando el asombro tantos escarmientos
cuanto el estruendo espantos a los vientos?
Pues el incendio veis, y veis la furia
con que mi pecho reventó a la injuria
de la lealtad que guarda mi nobleza
a mi Rey natural; que, aunque es su Alteza
primogénito suyo y la corona

espera de León, mientras no herede
con legítimo título, no puede
presumir que no toca a su persona
tan bien como a la mía
la obligación de súbdito y vasallo.
Antes, si la piedad ha de juzgallo,
es más culpable en él la alevosía;
que, conspirando otro vasallo, sola
la fe quebranta que a su rey le debe,
y él a su padre y a su rey se atreve.
Y si en la edad anciana
de Alfonso funda la razón tirana
de anticipar la sucesión, en eso
fundo yo más la culpa de su exceso;
porque si tan vecina
la muerte de su padre considera,
¿por qué no espera lo que presto espera?
¿Por qué la ley humana y la divina
quiero violar, anticipando el [plazo]
que ya limita de la Parca el brazo?
Al fin, don Juan, yo respondí, yo hice
lo que podéis pensar del que esto os dice,
en que ni la amenaza de la muerte
me halló menos leal o menos fuerte.
O ya fuese piedad, o ya cautela
permitirme la vida
su Alteza, que recela
que mi lealtad le impida,
con publicarlo, su atrevido intento,
me entregó a la prisión de este aposento
que Ramiro visita
solo, y el alimento cotidiano
él me ministra con su propia mano.
Éstos mis casos son, ésta mi historia;

y pues el cielo permitió que os vea,
el medio y la ocasión cual fuere sea,
volved, don Juan, volved a la memoria
los timbre heredados
de vuestros altos ínclitos pasados.
Despierte en el leal heroico pecho
el valor, a despecho
de los divertimientos que dormido
con engañoso halago lo han tenido.
[Proponga ejemplo, emulación pretenda
al valor vuestro el mío;
pues en regalos sepultado y frío,
no hay riesgo, no hay trabajo que no emprenda.
No hay muerte que me espante
cuando fui cera ya siendo diamante
en advirtiendo que manchar intenta
el cristal puro de mi honor la afrenta
de la sangre leal. El fuego ardiente
que al nacer informó, don Juan valiente,
no apaga jamás; solo se oculta
cuando el vicio en cenizas se sepulta;
y en vos, si oculto yace, yace vivo
entre los yerros el valor nativo.
Produzca, pues, incendios cuando el viento
de la traición, con animoso aliento,
de vuestra sangre incita la centella,
pensando hallar en ella
de fuego que vivió muerta ceniza.
No la naturaleza
en quien principio halló vuestra nobleza,
se rinda a la costumbre advenediza;
mostrad, librando al Rey, que los errores
que han desmentido en vos vuestros mayores,
no de la inclinación fueron defectos,

sino del ocio vil propios efectos,
y que, de la ocasión solicitado
sois el mismo que fuisteis.
Gozad esta ocasión, pues os la ha dado
tan oportuna el cielo,
de cobrar la opinión, pues la perdisteis.
Ponga un lustroso velo,
don Juan, a los borrones que os afean
esta hazaña leal, para que vean
los émulos en ella restauradas]
las glorias adquiridas y heredadas.

Juan   Basta. Callad. Si no queréis que el pecho,
que ya a tantos fervores viene estrecho,
reviente en vivas voces,
cuando requieren casos tan atroces
antes, para el castigo que yo ordeno,
del rayo el golpe que la voz del trueno.
Dadme esos brazos, pero no los brazos,
que no merezco tan heroicos lazos.
Esas plantas me dad porque mi boca
imprima en ellas agradecimientos
de los nobles y altivos pensamientos
a que vuestra elocuencia me provoca.
¡Ah, ilustre caballero!
¡Oh, en el honor y la lealtad primero!
¿Qué espíritu divino,
qué aliento celestial a vuestros labios
consejos dicta en mi favor tan sabios
que no solo a mi ciego desatino
dan arrepentimiento
pero sin el castigo el escarmiento?
Por vos gané lo que por mí he perdido.
Seré muriendo el que naciendo he sido.

En la misma nobleza que he heredado
otra vez vuestra lengua me ha engendrado.
Y pues con esto no igualarse pruebo
lo que de vos me quejo a lo que os debo,
ya olvido los agravios
que con razón me hicieron vuestros labios;
que, si yo fabriqué mi propia mengua,
yo, que la causa os di, os moví la lengua.
Amigo os llamo ya; que fuera necio
si en tal ganancia recatara el precio.
Y juro, por lograr vuestra fineza,
que he de trazar al punto prevenciones
[que impidan los intentos de su Alteza
de que me da evidentes presunciones],
fuera del justo crédito que os debo,
gran copia de soldados castellanos
que ocupan ya los muros zamoranos.

Domingo Partid, don Juan; que yo, porque a su Alteza
no demos ocasiones,
faltando yo de aquí, de recelarse,
prevenirse y guardarse,
preso me he de quedar; que esfuerzo tengo
con que a mayores males me prevengo
por salir con la empresa. Mas decidme,
¿cómo entrasteis aquí?

Juan Pasos errados
a fines me trujeron acertados.
No os puedo decir más, y adiós, amigo;
que yo a libraros o a morir me obligo.

Domingo Librad al Rey, como de vos se espera,
don Juan; que poco importa que yo muera.

(Vase.)

Juan   Ve cerrando las puertas,
porque hallarlas abiertas
a don Ramiro no le dé recelos.

Beltrán   ¿Y el hurto queda en cierne?

Juan   Ya los cielos
mi inclinación mudaron,
que al fuego de lealtad me acrisolaron;
de que vengo a entender que, porque hubiese
quien de Alfonso los daños impidiese
permitieron mi error porque se vea
que mal no sufren que por bien no sea.
Si tú vas convertido, yo admirado
de ver tan valeroso acomodado.

(Vanse. Salen el Príncipe, don Ramiro, Nuño y Mauricio.)

Príncipe   ¿Fueron, Ramiro, a llamarle?

Ramiro   No puede [tardar], señor.

Príncipe   Quiero con este color
prenderle sin enojarle;
    que habiendo tanta razón,
pues con uno y otro indicio
se comprueba el maleficio,
para ponerlo en prisión.
    No podrá don Juan culparme
y con esto de su acero,
por ser tan valiente, quiero

                    en mi intento asegurarme.
    Porque llegado al efecto
tanto por no haberle dado
[noticia de mi cuidado]
como por ser tan afecto
    a mi padre, él solamente
a estorbarlo bastará.

Ramiro   Es verdad, y así ser,
señor, prevención prudente
    que, al resolver su prisión,
de sentimiento le deis
indicios, y le mostréis
piedad en la ejecución.

Príncipe   Él viene ya.

(Sale don Juan.)

Juan   Gran señor,
¿qué me manda vuestra alteza?

Príncipe   Lo que por vuestra nobleza
está sintiendo mi amor.
    Mas es fuerza que limite
la justicia a la piedad.
Don Juan, a Nuño escuchad.
Tú, lo que has dicho repite.

Nuño   Una tarde, habrá seis días,
don Domingo, mi señor,
de visitar en su casa
a don Ramiro salió;
y aquella misma, don Juan,

que celoso por Leonor
según lo mostró el efecto
de esta visita, quedó,
después de haber declarado
a don Domingo su amor,
le pidió de no estorbarle
la palabra, y él la dio.
Despidiéronse, y la noche
siguiente, cuando el reloj
una menos de las horas
que la dividen contó,
un gentilhombre la vez
tercera, porque otras dos
aquella tarde le había
buscado ya, le llevó
un papel de desafío
sin duda, de que el color
todo mudado, y las armas
que para salir pidió,
el recato y el secreto
y decirme que al honor
le importaba salir solo,
dieron clara información.
Partióse al fin, y el cuidado
que nos causaba el amor
que a nuestro dueño leales
tenemos Mauricio y yo,
no tuvo en una ventana
hechos Argos a los dos,
por seguirle con los ojos,
ya que con las plantas no.
Vimos que, habiendo salido,
y debajo de un balcón
de don Ramiro parado

don Domingo, se llegó
uno de dos que en la calle
le aguardaban, que, en la voz
y en las razones que oír
el silencio permitió
de la noche, era don Juan;
y habiendo hablado los dos
un rato, el desnudo acero
fin a la plática dio;
y acuchillándose entrambos
con destreza y con valor,
dieron a la calle vuelta;
y con esto los perdió
de vista nuestro cuidado,
sin que de esta confusión
nos pudiésemos librar
con salir en su favor;
porque él, al salir de casa,
por de fuera la cerró,
recelando que a seguirle
nos obligara su amor.
Nunca después de este caso
le vimos, ni de él halló
vivo o muerto un breve indicio
la diligencia mayor.
Y así, pues tantos convencen
a don Juan de que él le dio
la muerte, y de que el cadáver
oculta con intención
de ocultar el homicidio,
os suplicamos, señor,
que le obliguéis a sacarnos
de tan triste confusión.

Príncipe	Con lo que habéis escuchado
solo os puedo decir yo
que os pongáis en mi lugar
y juzguéis vos mismo a vos.
Con indicios tan vehementes
que casi evidentes son
mal guardará la justicia
privilegios al amor;
y así, mientras la verdad
no se averigüe, en prisión
es fuerza, don Juan, que estéis.
Juan (Aparte.)	(¿Qué he de hacer? ¡Válgame Dios!
Si callo y dejo prenderme
pongo a riesgo la ocasión
de librar al rey Alfonso;
si declaro que los dos
tienen preso a don Domingo,
por entendido me doy
de sus aleves intentos
y es el peligro mayor;
mas de la misma verdad
he de vestir la ficción.)
Como disteis un oído
a la culpa, dad, señor,
otro al descargo.
Príncipe	Decid;
que nada en esta ocasión,
según os estimo, puede
hacerme gusto mayor
que tenerla de mostraros
en mi piedad mi afición.

Juan	Pues, preguntadle a Ramiro por don Domingo, señor; que él en su casa le oculta.
Ramiro	¿Qué decís?
Príncipe	¡Válgame Dios!

(Hablan a excusa de los criados.)

Ramiro	¿Quién de caso tan secreto noticia a don Juan le dio?
Príncipe	¿Si sabe ya mis intentos?
Juan (Aparte.)	(Turbados están los dos.)
Príncipe	Don Juan, ¿cómo lo sabéis?
Juan	Lo que el criado contó es verdad mas remitimos del caso la conclusión para la noche siguiente, porque aquélla lo estorbó gente que a la calle vino. Demás que cierta ocasión que le importaba, me dijo que aguardaba, y me pidió don Domingo que cesase por entonces la cuestión; y más por averiguar la sospecha que me dio de que la ocasión sería verse con doña Leonor

que por hacerle ese gusto
consentí la dilación.
Y así, apartándome de él,
tuvo, aunque es ciego el Amor,
tantos ojos como celos,
y en la oscura confusión
de la noche, oculto vi
que don Domingo llegó
y otro con él a la puerta
de don Ramiro, y los dos,
después de hacer una seña
que la puerta les abrió,
entraron dentro; y con esto
acrecentando el furor
de mis celos, como quien
el agravio averiguó,
a la venganza resuelto
le aguardaba; y de los dos
salió el que le acompañaba,
pero don Domingo no.
Aunque allí me halló esperando
del aurora el resplandor,
ni en cuantas vueltas al cielo
ha dado después el Sol,
ha vuelto a pisar la calle;
que nunca de ella faltó
una centinela mía;
y así es llana presunción
supuesto que tal exceso
no es creíble de Leonor,
que don Ramiro le oculta,
temiendo la ejecución
de mi brazo vengativo;
que le toca este temor

	como interesado en ello, porque es más rico que yo don Domingo, y lo querrá para esposo de Leonor.
Príncipe (Aparte.)	(Por su engaño y mi ventura gracias a los cielos doy.) Escuchad, Ramiro.
Juan (Aparte.)	(Bien disfracé con la invención la Verdad, y el rostro feo les hice ver del Temor.)

(Habla aparte a Ramiro el Príncipe.)

Príncipe	En albricias de que ignora la causa de la prisión de don Domingo don Juan, quiero, Ramiro, que vos con su engaño os conforméis, para evitar la ocasión de apuntar esta materia.
Ramiro	Mucho más caro, señor, hubiera comprado el vernos libres de esta confusión.
(En voz alta.)	Don Juan ha dicho verdad.
Príncipe	Pues, sabiendo lo que yo estimo a don Juan, Ramiro, no habéis tenido razón en no excusarme el disgusto que el que yo le di me dio.

	De veros libre de culpa, don Juan, tan alegre estoy, que el pesar que recibí agradezco. Idos con Dios, y advertid que son mañana las fiestas.
Juan	Pienso, señor, que no podré entrar en ellas.
Príncipe	No han de hacerse sin vos; no lo dejéis por dinero, don Juan, pues lo tengo yo.
Juan (Aparte.)	(En vano obligarme intenta.) Mil años os guarde Dios. No es ése el impedimento.
Príncipe	¿Pues cuál?
Juan	Pensar con razón que me culparéis vos mismo si tan poco siento yo, valiendo a Ramiro tanto, haber perdido a Leonor.
(Vase.)	
Príncipe	Sentido está de perder vuestra hija.
Ramiro	Culpas son de sus costumbres.

Nuño (Aparte.)　　　　　([¿Qué es esto?]
　　　　　　　　　　¿Cómo su Alteza dejó
　　　　　　　　　　ir libre a don Juan?)

Príncipe　　　　　　　　　　Los pechos
　　　　　　　　　　podéis sosegar los dos,
　　　　　　　　　　que vuestro dueño está vivo
　　　　　　　　　　y seguro, y [tomo] yo
　　　　　　　　　　su vida y seguridad
　　　　　　　　　　por mi cuenta.

Nuño　　　　　　　　　　¿Qué temor
　　　　　　　　　　podrá oponer sus tinieblas
　　　　　　　　　　a la luz que nos dais vos?

(Vanse. Salen don Juan y Beltrán con botas y espuelas.)

Juan　　　　　　　　Vengas, amigo Beltrán,
　　　　　　　　　　mil veces en hora buena.

Beltrán　　　　　　　Hora que es fin de la pena
　　　　　　　　　　que da el ansioso batán
　　　　　　　　　　　de una posta endemoniada,
　　　　　　　　　　buena se puede llamar.

Juan　　　　　　　　¿Qué hay del Rey?

Beltrán　　　　　　　　　　　Ya en el lugar
　　　　　　　　　　estuviera, si la entrada
　　　　　　　　　　　no le impidiera el ruido
　　　　　　　　　　y el alboroto que oyó,
　　　　　　　　　　que efecto lo receló
　　　　　　　　　　del rebelión prevenido;
　　　　　　　　　　　y así vine por espía

	perdida con un criado suyo, que volvió, informado de que el estruendo nacía de los toros, a avisarle, y yo a ti, porque ya el Sol se esconde al suelo español y podemos ya esperarle.
Juan	Loco me tiene el contento.

Beltrán	¡Oh, cómo tu carta obró!
	Apenas la recibió
	cuando en juvenil aliento
	   sus años vi renovarse.
	Postas mandó prevenir,
	y solo tardó en partir
	lo que ellas en ensillarse.
	   Todo el caso le conté,
	y le dije que el quedarte
	a prevenir por su parte
	las cosas, la causa fue
	   de que tú mismo en persona
	la nueva no hayas llevado;
	y viene tan obligado
	que te dará su corona.

Juan	¡Oh, qué gran gusto me has hecho, y a qué buen tiempo ha venido! Pero ya siento ruido en el zaguán.
Beltrán	Yo sospecho que llegó Su Majestad.

(Salen el Rey, con botas y espuelas, y dos criados.)

Rey   ¡Don Juan, amigo!

Juan   Señor,
            dadme esos pies.

Rey   Al amor
        que debo a vuestra lealtad
          los brazos, don Juan, prevengo.

Juan   Como rey, señor, me honráis.

Rey   Las órdenes que me dais
        he guardado, y así vengo
          a apearme con secreto
        en vuestra casa.

Juan   Ha importado
        no despertar el cuidado,
        para impedir el efeto,
          al príncipe, don García;
        y del remedio dudara
        si solamente tardara
        vuestra Majestad un día.

Rey   ¿Cómo?

Juan   Sin número son
        los castellanos que esconde
        Zamora; que ayuda el Conde
        en esta conspiración
          a su Alteza, que hoy ha hecho
        estas fiestas por ganar

       el aplauso popular;
       y así con razón sospecho
          que, porque la dilación
       no mitigue esta alegría,
       ha de querer don García
       abreviar la ejecución.

Rey   ¡El mismo que yo engendré
       es mi mayor enemigo!
       Matarlo será el castigo
       si culpa engendrarlo fue.

Juan   Vamos; que ya de la oscura
       noche el silencio, señor,
       nos llama.

Rey   Vuestro valor
       el remedio me asegura.

Juan   En casa de su privado,
       Ramiro, le prenderéis
       sin riesgo; que le hallaréis
       sin defensa y descuidado;
          que nunca el alba repite
       lisonjas de su belleza
       al mundo sin que su Alteza
       en su casa le visite.
          Y yo sin dificultad
       os la haré franca, señor;
       que los medios de mi amor
       sirven hoy a mi lealtad.

Rey   Tanto, don Juan, me obligáis,
       que está mi poder cobarde

	al premiaros.
Juan	Dios os guarde.

    Solo os pido que advirtáis
        que, adorando yo a Leonor,
    puede vuestra Majestad
    hacer que por mi lealtad
    haga esta ofensa a su amor,
        pues que de la alevosía
    que a su padre ha de infamar,
    la mancha la ha de alcanzar.

Rey   Eso está por cuenta mía,
        como lo demás, don Juan,
    que os tocare.

Beltrán   Yo entro ahí.

Rey   No me olvidaré de ti.

Beltrán   Mil siglos vivas.

Juan   Beltrán,
    advierte que has de llevar
    una espada que le des
    a don Domingo.

Beltrán   No es
    su valor para olvidar.

Juan   No temo, juntos los dos,
    todo el resto de Zamora.

(Hablando aparte con su amo.)

Beltrán   Contempla, señor, agora
          la providencia de Dios.
              ¿Quién pensara que las llaves
          que hicimos para robar
          nos vinieran a importar
          para negocios tan graves,
              y que hubieran remediado
          peligros de tanto peso
          un hombre que es tan travieso
          y otro tan acomodado?

Juan   No hay suceso que no tenga
          prevención en Dios, Beltrán.

Beltrán   Por eso dijo el refrán:
          «No hay mal que por bien no venga.»

(Vanse. Salen el Príncipe, Ramiro, Leonor y Constanza con luces.)

Príncipe   Esto habéis de hacer por mí.
          Ya sabéis que la persona
          de don Domingo merece,
          por su sangre generosa,
          por su valor y sus partes,
          pues como veis, las abona
          vuestro padre, que le deis,
          Leonor, la mano de esposa,
          y advertid que es lo que os pido
          lo que a todos nos importa
          puesto que no conocemos
          otro más rico en Zamora
          en quien poder emplearos;
          y porque a los dos nos consta

| | que os tiene amor, pretendemos
que tal prenda le disponga
a conformarse conmigo
en cierto intento que agora
sabréis, pues de publicarse
ya el peligro no lo estorba,
pues la ejecución aguarda
solo la primera aurora. |

Leonor   Yo lo hiciera, mas Constanza
            es con él más poderosa.

Príncipe   ¿Cómo?

Leonor   Después que la vio,
            a mí me olvida, y la adora.
            Dilo, prima.

Constanza   Si un papel
            suyo verdades informa,
            yo soy dueño de su amor.

Príncipe   Si es así, Constanza, goza
            la ocasión, y nuestro intento
            tu blanca mano disponga.

Constanza   Si ha de obedecer el pecho,
            no ha de responder la boca.

Príncipe   Llamadle, pues, don Ramiro.

(Vase don Ramiro.)

Leonor   No pienso que es fácil cosa

	hallarle; que ha algunos días
que su familia le llora
ausente o muerto.
Príncipe	Mi imperio
es, Leonor, quien le aprisiona
en tu casa.

(Salen Ramiro y don Domingo.)

| Domingo | ¿Qué me manda
vuestra Alteza? |
|---|---|
| Príncipe | El alba hermosa
en mis sienes ha de hallar
de este reino la corona.
Para nada os puede ser
la obstinación provechosa.
En una balanza os pongo
la mano de la que adora
vuestro pecho y mi amistad,
y os pongo la muerte en otra.
Escoged y resolveos. |
| Domingo | No es la vez primera agora
que a mi lealtad amenazas
despreciadas acrisolan.
Constanza es premio que estimo,
y por la propuesta sola
obligado cuanto puedo,
pongo en vuestros pies la boca;
pero con tal condición,
ni me importó ni me importa;
que no vivirá con gusto |

	quien ha de vivir sin honra. Ésta es mi resolución.
Príncipe	Y la mía que proponga vuestra cabeza mañana escarmientos a Zamora.
Domingo	Muriendo ha de sustentar la voz de Alfonso mi boca.

(Salen el Rey y criados.)

Rey	Y yo la vida de quien con lealtad tan generosa defiende a su rey.
Ramiro	¿Qué es esto?
Príncipe	¡Perdido soy!

(Salen don Juan y Beltrán.)

Beltrán	¡Aquí es Troya!
Rey	Dadme esa espada, García.
Príncipe	Señor, yo...
Rey	[Si me provoca] vuestra obstinación, seré, aunque sois mi sangre propia, enemigo que se venga y no padre que perdona.

Juan   Don Domingo...

Domingo   Amigo mío.

Juan   Tomad esta espada.

Domingo   Agora
                 llueva el cielo conjurados.

Ramiro (Aparte.) (De una vez la vida y honra
                  he perdido.)

Príncipe   ¿Qué he de hacer
                 sin defensa?

(Da la espada el Príncipe.)

Rey   No se logran,
                 Príncipe, intentos impíos
                 que el cielo y la tierra enojan.
                 Al castillo de Gauzón
                 llevad presa la persona
                 del Príncipe.

Príncipe   Si a morir
                 me lleváis, vuelen las horas;
                 que, a quien desdichado vive,
                 da la vida la muerte sola.
                       Llévanlo.

Constanza   Temblando estoy.

Leonor   Yo estoy muerta.

Ramiro	Si a la mano poderosa
de un príncipe...
Rey	Don Ramiro,
callad. No dañe la boca
con disculpas a quien sé
que no han culpado las obras;
que don Juan de la lealtad
de vuestro pecho me informa,
y que vos le descubristeis
del Príncipe la alevosa
intención, por él a mí
me avisara; y así agora,
porque dar premio a los dos
de este servicio me toca,
el de don Juan ha de ser
darle a Leonor por esposa,
y dos villas, las que él mismo
en todo mi reino escoja;
y el vuestro, daros por hijo
a quien mi privanza goza,
y a quien debéis mi amistad,
y a quien, como veis, os honra.
Juan (Aparte.)	(¡Qué prudencia!)
Beltrán (Aparte.)	(¡Qué cordura!)
Domingo (Aparte.)	(¡Con qué buen medio la nota
de la infamia le ha excusado
porque no toque a la esposa
de don Juan la mancha misma!)
Ramiro	Con ganancia tan notoria,

	en vuestras plantas, señor, humilde pongo la boca, y a don Juan los brazos doy.
Juan	¿Habéis conocido agora si soy bueno para amigo?
Ramiro	Fuerza es ya que me conozca obligado, y a Leonor en ser vuestra venturosa. Dadle la mano.
Leonor	Segura os la doy pues os mejora Su Majestad la fortuna que mejoraréis las obras.
Juan	Por ganarte me perdí; ya te he ganado, señora; con que es fuerza que a quien soy y a quien eres corresponda.
Rey	Don Domingo, ¿qué aguardáis cuando hazaña tan heroica tan obligado me tiene?
Domingo	Señor, vuestras plantas solas piden por merced mis labios y a Constanza por esposa.
Rey	Si basto, Constanza, yo a alcanzarlo, de ambas bodas seré padrino.

Constanza Señor,
yo me confieso dichosa.
Ésta es mi mano.

Beltrán ¿Qué hacéis?
Mirad que no se acomoda
don Domingo, quien se casa.

Domingo Quien alcanza el bien que adora,
pues cumple ardientes deseos,
comodidades negocia.

Beltrán Agora faltan las mías,
si tenéis en la memoria,
gran señor, vuestra promesa.

Rey Piensa tú lo que te importa
según tu estado; que a mí
me importa pedir agora
perdón, porque tenga fin
esta verdadera historia.

Fin de la comedia

Libros a la carta

A la carta es un servicio especializado para
empresas,
librerías,
bibliotecas,
editoriales
y centros de enseñanza;
y permite confeccionar libros que, por su formato y concepción, sirven a los propósitos más específicos de estas instituciones.

Las empresas nos encargan ediciones personalizadas para marketing editorial o para regalos institucionales. Y los interesados solicitan, a título personal, ediciones antiguas, o no disponibles en el mercado; y las acompañan con notas y comentarios críticos.

Las ediciones tienen como apoyo un libro de estilo con todo tipo de referencias sobre los criterios de tratamiento tipográfico aplicados a nuestros libros que puede ser consultado en Linkgua-ediciones.com.

Linkgua edita por encargo diferentes versiones de una misma obra con distintos tratamientos ortotipográficos (actualizaciones de carácter divulgativo de un clásico, o versiones estrictamente fieles a la edición original de referencia).

Este servicio de ediciones a la carta le permitirá, si usted se dedica a la enseñanza, tener una forma de hacer pública su interpretación de un texto y, sobre una versión digitalizada «base», usted podrá introducir interpretaciones del texto fuente. Es un tópico que los profesores denuncien en clase los desmanes de una edición, o vayan comentando errores de interpretación de un texto y esta es una solución útil a esa necesidad del mundo académico.

Asimismo publicamos de manera sistemática, en un mismo catálogo, tesis doctorales y actas de congresos académicos, que son distribuidas a través de nuestra Web.

El servicio de «libros a la carta» funciona de dos formas.

1. Tenemos un fondo de libros digitalizados que usted puede personalizar en tiradas de al menos cinco ejemplares. Estas personalizaciones pueden ser de todo tipo: añadir notas de clase para uso de un grupo de estudiantes, introducir logos corporativos para uso con fines de marketing empresarial, etc. etc.

2. Buscamos libros descatalogados de otras editoriales y los reeditamos en tiradas cortas a petición de un cliente.

www.ingramcontent.com/pod-product-compliance
Lightning Source LLC
LaVergne TN
LVHW041259080426
835510LV00009B/800